Curación E
Para Principiantes

La guía completa de supervivencia para personas sensibles. Descubra las habilidades de meditación e introspección para desarrollar su don único Entrar en la corriente

Sophia Baker

resultar de la aplicación de cualquiera de la información proporcionada por este Libro. Esta exención de responsabilidad se aplica a cualquier pérdida, daño o lesión

causada por el uso y la aplicación, ya sea directa o indirectamente, de cualquier consejo o información presentada, ya sea por incumplimiento de contrato, agravio, negligencia, lesiones personales, intención criminal, o bajo cualquiera otra causa de acción.

Usted acepta todos los riesgos de utilizar la información presentada dentro de este libro.

Usted acepta que, al continuar leyendo este libro, cuando sea apropiado y/o necesario, deberá consultar a un profesional (incluyendo pero no limitado a su médico, abogado o asesor financiero o cualquier otro asesor según sea necesario) antes de usar cualquiera de los remedios, técnicas o información sugeridas en este libro.

Introducción

Sea lo que sea que te haya traído a este libro, lo más probable es que estés tratando de entender cómo navegar por la montaña rusa emocional que tú o un ser querido están pasando. No importa cómo llegaste aquí; es por una razón. Estás a punto de aprender más acerca de cómo entender las influencias de la energía a tu alrededor y cómo vivir una vida plena y feliz. Como empatía, es común sentirse desconectado, demasiado medicado, mal diagnosticado, loco o fuera de control. Pero a medida que trabajen a través de los capítulos de este libro, no sólo comprenderán lo que sucederán, sino también lo que pueden hacer al respecto para protegerse y honrarse a sí mismo. Aprenderás sobre lo que es ser una empática, cuáles son algunos de los desencadenantes más experimentados y cómo volver a centrar la vida. Además, si vienes a este libro en busca de ayuda con tus relaciones personales en tu vida, aprende sobre las maneras en que puedes ayudar a tener una conexión más profunda.

El término "empatía" se refiere a una persona que entiende e identifica con los sentimientos de otra persona. Algunas personas deben practicar la empatía por otras, mientras que otras nacen con empatía. Esto no equivale a ser un empático. Es más que simplemente darse cuenta y entender los sentimientos de otra persona; se trata de identificar y sentir esos sentimientos también. Algunas culturas celebran esta capacidad y proporcionan apoyo y orientación para aquellos con esta capacidad; sin embargo, en la cultura occidental, a menudo es sofocada y confusa. Debido a esto, una empática puede terminar sintiéndose muy triste y sola. También puede conducir a niveles extremos de ansiedad y mecanismos de afrontamiento negativo para manejar las emociones abrumadoras de los demás. Pero, ¿qué sucede cuando se empodera un empático? ¡Son un verdadero regalo para su comunidad! Son capaces de hacer frente a la paz, brindar apoyo y enviar amor y honestidad al mundo. Esta gente es compasiva. Realmente entienden y son grandes oyentes, incluso si no dices nada. ¡Básicamente, un empático es el tipo de persona que la mayoría de nosotros nos esforzamos por llegar a ser! Pero para convertirte en esta persona, necesitas tener acceso a las mejores herramientas y ser apoyado por una comunidad fuerte. Entonces puedes sentir como la bendición que debes ser, en lugar del portador de una "maldición sucia". Ahora es el momento de sumergirse, aprender más, practicar las herramientas y vivir la vida que se pretende disfrutar.

Capítulo 1: ¿Qué es la empatía?

La forma en que me gustaría explicarlo.es una persona que siente todo a su alrededor. Esto también puede expandirse a personas lejanas a las que pueden estar conectadas en la vida. Los empáticos son extremadamente sensibles a las "vibraciones", o "frecuencias" de otros a su alrededor.

Una manera fácil de explicar esto, es tal vez usted ha conocido a alguien en su vida que sólo parece saber siempre cuando algo está mal. O tal vez siempre supieron cuando algo iba a pasar. He sido conocido por tener impulsos de llamar a la gente en mi vida de la nada, por alguna razón desconocida, sólo para ponerlos en el teléfono y tuvieron un incidente importante en la vida. Es posible que también nos haya escuchado como "sensibles".

Muchos empáticos no disfrutan de estar en grandes multitudes. Ese amigo que tienes que siempre tiene ansiedad o tiene "miedo" de estar cerca de grandes grupos de personas, o se sienta en la esquina solo en una fiesta, es probablemente un empático. Puede que ni siquiera lo sepan.

El lenguaje relacionado con los empáticos varía de persona a persona. La mayoría de la gente realmente no entiende a los empáticos en su vida. A veces nos llaman "psíquicos" o "brujas". Este vocabulario viene principalmente del miedo y la ignorancia. Vamos a profundizar en **cómo** funcionan las empatas en el próximo capítulo.

La sensibilidad puede variar de leve a intensa. No todas las empáticas actúan igual o sienten las mismas cosas. Todos somos empáticos hasta cierto punto, pero este libro abordará los signos y características de nuestra población más sensible de empatas.

Aquí está una lista de algunos rasgos de identificación de un empático:

- Naturalmente, grandes oyentes

- Siente las emociones de quienes los rodean y se ven afectados personalmente

- Se abruma en las multitudes

- Por lo general, un introvertido

- Sanadores naturales y pacificadores

- Natural "detectores de mentiras" es casi imposible mentirles

- La gente a menudo comparte secretos profundos con ellos "Nunca le he dicho esto a nadie, pero siento que puedo decírtelo".

- Necesita tiempo de paz al aire libre

- Necesita tiempo solo

- Sensible a los sonidos, luces brillantes, diferentes colores, olores y sabores

- No les gusta las personas egoístas (narcisistas)

- Simplemente "saben cosas", sin saber de dónde obtuvieron la información

- Siempre cansado o fatigado

- Artista natural

- Personalidad adictiva

- Sanadores naturales – atraídos a todas las formas de curación

- Problemas digestivos y dolor de espalda baja

- A los animales les encantan

- Detesta a las personas y situaciones que son demasiado controladoras

- No le gusta hacer tareas que no disfrutan

- Siempre buscando información y conocimiento

- Espíritu libre, le encanta viajar y grandes espacios abiertos

- Aburrido rápidamente

- Soñador

- No puedo soportar ver violencia o daño en la televisión

- Obtiene "dolores de simpatía" cuando otras personas están enfermas o lesionadas

- Puede llevar peso extra sin comer en exceso (una forma de protección)

- Las relaciones generalmente se mueven muy rápido e intenso

Es poco probable que una verdadera empatía sólo se identifique con algunos de estos rasgos. Si eres una empatía, probablemente leas esta lista y dijiste "sí" a casi todos los puntos de bala. ¡Si te acabas de dar cuenta de que eres un empático, felicidades! ¡Espero que encuentres útil el resto de la información de este libro para seguir adelante y vivir la vida más feliz posible!

Si todo el mundo es un empático capaz, entonces cómo es un empático diferente para cualquier otra persona

Las palabras "empático" y "empatía" provienen del término griego antiguo "Empatheia", que es un híbrido de las palabras "en" que significa "in" o "at" y "pathos" que significa "pasión" o "sentimiento", pero también puede interpretarse como "sufrimiento". Es una raíz etimológica, es perfectamente ilustrativa de la empatía como una espada de doble filo. Los seres humanos anhelan una profunda conexión interpersonal y a menudo encuentran gozo en pasiones compartidas, pero cuando nos abrimos a las bendiciones de quienes nos rodean, también nos abrimos a sus penas, temores y furias.

Esta lucha, en última instancia, es donde podemos trazar una línea entre el instinto empático promedio, y la verdadera sensibilidad empática. La mayoría de las personas pueden optar por separarse o distanciarse de las sensaciones empáticas si se vuelven abrumadoras, distraídas o desagradables, pero la empática no puede evitar sintonizar las energías emocionales que los rodean, incluso si tal conexión es perjudicial para su bienestar. Las empáticos son igualmente propensos a compartir la alegría o el sufrimiento de otra persona, lo que significa que muchos de ellos se ven obligados a llevar más de su parte justa de dolor emocional (o físico) a través de la vida.

A menudo, la gente confunde el concepto de poder empático con los raros dones sobrenaturales de clarividencia, telepatía o capacidad predictiva. Pero es posible que los empáticos no tengan ningún sentido de ver el futuro antes de que se produzca. Muy rara vez afirman recibir mensajes de espíritus fallecidos o ser capaces de canalizar notas precisas y detalladas a otros seres vivos sin contacto verbal. Muchos empáticos luchan con conceptos metafísicos o espirituales y no creen personalmente en ningún poder sobrenatural. Pueden ser torpes sin mucha habilidad para la propiocepción; que podrían tener un mal sentido de la dirección, y con frecuencia se pierden; pueden parecer voladores y fácilmente confundidos; podrían golpearte como espaciada, escamosa o ajena a su entorno; y pueden mostrar malas habilidades sociales en ciertas situaciones.

Una persona que dice ser un empata no necesariamente está diciendo que puede leer mentes o predecir el futuro; la mayoría de los empatas simplemente se sintonizan en frecuencias energéticas específicas a las que la mayoría de las personas no son sensibles, y esta sensibilidad suele ser involuntaria. Los empáticos no entrenados o no despiertos especialmente no pueden elegir si las energías externas los afectan o no. A veces, los empáticos están tan afilados en sintonía con estas frecuencias que tienen problemas para leer otros indicadores de vibración energética a nivel de superficie. Por ejemplo, una empatía emocional puede ser muy sensible a las sensaciones emocionales de los demás a su alrededor, y particularmente adecuada para detectar estas energías a través de la percepción sensorial de audio, tanto que las señales visuales podrían servir para confundir o distorsionar los mensajes que reciben sónicamente. Este tipo de empata podría necesitar mantener sus ojos cerrados para fortalecer su sensibilidad sónica y evitar confusiones, así como el agotamiento de la disonancia cognitiva. Alternativamente, otra empatía puede depender de pistas visuales, o detectar frecuencias energéticas físicamente a través del tacto, y encontrar cualquier estímulo auditivo que distraiga o abrume.

Además, hay algunos tipos de empáticos cuya empatía no les sirve en conexión interpersonal en absoluto, sin embargo, pueden captar las vibraciones energéticas de animales, plantas, objetos inanimados o lugares.

De dónde viene el poder empático

La pregunta de dónde provienen los poderes empáticos, o cómo la gente llega a poseerlos, es una que la ciencia todavía no tiene una respuesta sólida. Pero hay algunas teorías. De hecho, hay mucha evidencia que sugiere que un grado "normal" de empatía es accesible para la mayoría de nosotros en el desarrollo temprano. Los recién nacidos en unidades neonatales muestran una incapacidad para distinguir los sentimientos personales de los que les rodean; si un bebé comienza a llorar, por lo general la mayoría de los demás seguirán su ejemplo muy rápidamente, ya que aún no son conscientes de que este dolor o ansiedad no es suyo para poseer. La mayoría de los bebés que reciben una cantidad saludable de cuidado y atención continuarán con la imitación y el enredo emocional a lo largo de los primeros años de vida, así es como los niños pueden aprender el habla y el movimiento. Algunos niños, criados en familias o comunidades especialmente unidas, pueden tener dificultades para entender la función de los pronombres que distinguen entre el yo individual y el grupo, planteando preguntas como:

"Mamá, ¿por qué estamos tristes hoy?" cuando observan esta emoción en otra persona.

Aquellos que creen en las posibilidades sobrenaturales del poder empático también tienden a pensar que ciertas personas están destinadas a recibir estos dones y que los empáticos sienten como lo hacen para servir a algún propósito superior según lo determinado por el diseño cósmico o sagrado. Esta creencia a menudo coincide con la noción de que los empáticos nacen únicos, y no están formados por su entorno; mientras que el nivel de poder que poseen o cómo canalizan la energía puede fluctuar a lo largo de sus vidas, su mayor sensibilidad se considera un rasgo innato.

Por el contrario, hay quienes creen que las habilidades empáticas provienen del entorno o de las circunstancias en las que una persona es criada, en función de la crianza en lugar de la naturaleza. Muchos psicólogos señalan que los niños criados en hogares volátiles, descuidados o peligrosos aprenden desde el principio a detectar cambios sutiles en el comportamiento de sus padres como una habilidad de afrontamiento y mecanismo de defensa necesario, permitiéndoles predecir, evitar o incluso prevenir episodios traumáticos.

Los padres pueden no ser necesariamente malvados o malintencionados al criar a un niño que desarrolla una sensibilidad empática extrema. Algunas teorías plantean que el único factor ambiental necesario para desencadenar tal desarrollo es una figura autoritaria más antigua en la vida del niño que requiere que el niño empatice con ellos con frecuencia. Por ejemplo, un padre que está de luto por la pérdida de un ser querido podría, sin tener la intención de hacerlo, obligar a su hijo a empatizar con un nivel de dolor emocional para el que aún no se han preparado, y difícilmente puede comprender a una edad tan temprana. Un niño que es puesto en esta posición con suficiente frecuencia puede nunca aprender a distinguir sus propias emociones de las de los demás, e incluso podría tener dificultades para sentir que son reales, sustanciales o enteros sin la influencia de otra personalidad dominante. Se vuelven hiper centrados en el cuidado de la figura parental en su vida, y nunca aprenden cómo recibir atención sin culpa, vergüenza o ansiedad, como la mayoría de los niños.

Una vez que un niño desarrolla esta habilidad, es natural que continúen usándola fuera del hogar, entre amigos, colegas, amantes e incluso extraños. También hay quienes observan esta misma habilidad de hipersensibilidad que surge por primera vez en adultos cuando están románticamente involucrados (o firmemente unidos) con un tipo de personalidad abusiva, como un narcisista.

Vale la pena señalar que muchos empáticos primero se dan cuenta de su mayor sensibilidad durante las relaciones con aquellos que son deficientes en empatía. Además, sean conscientes de sus habilidades o no, los empáticos están tan frecuentemente involucrados con narcisistas, sociópatas y psicópatas, que muchos se preguntan si el poder empático funciona como una especie de faro invisible para aquellos que tienen esta personalidad Trastornos. La teoría de que los empáticos y los tipos deficientes de empatía se atraen entre sí como imanes, ¿cuál suele ser lo primero? ¿El poder empático o el entorno abusivo en el que se convierte en una habilidad necesaria para sobrevivir? Si bien tiene sentido que las habilidades empáticas se desarrollen como una respuesta al abuso y al trauma, también es ciertamente posible que el abuso y el trauma siempre existirían de todos modos, y las empatías simplemente se sienten atraídos por estos entornos más que la mayoría de las personas. Una realidad desafortunada de la vida para los empáticos que aún no han despertado plenamente a su poder es que a menudo sentirán compasión por aquellos a quienes todos los demás han abandonado, al no ver que estas almas se han dejado solas por una buena razón y no son dignas de los empatas cuidado o atención. Podría indicar que las circunstancias y relaciones abusivas son como trampas en las que las empatías son particularmente vulnerables a caer, en lugar de la causa o catalizador de una mayor sensibilidad.

Capítulo 2: Cacacterísticas de un empata

La empatía se define como la capacidad de sentir y sentir fácilmente los sentimientos o emociones de otras personas. Se caracteriza por una mayor sensibilidad a tales emociones. Sin embargo, cabe señalar que la empatía significa más que simplemente ser capaz de sentir emociones. Más específicamente, se trata de ser sensible y ser capaz de sentir la energía sutil. Cabe señalar que todo está hecho de energía, incluso la ciencia convencional ha demostrado esto como un hecho.

Cuando tienes empatía, entonces no percibes el mundo como la mayoría de las personas. Llegas a sumergirte en un mundo rico en emociones y sentimientos. Desafortunadamente, estas emociones en forma de energía pueden ser problemáticas, especialmente si no sabes cómo controlar y usar tu habilidad correctamente. También vale la pena señalar que cada persona tiene algún nivel de empatía. Simplemente hay algunas personas que son más sensibles que otras.

¿Es un regalo o una maldición?

¿Se considera la empatía un regalo o una maldición? De hecho, hay empatías que se arrepienten de tener este tipo de habilidad, pero también hay quienes son felices y viven armoniosamente como empatía. Lo que debes entender es que la empatía puede ser un regalo o una maldición dependiendo de cómo la manejes. Por ejemplo, un cuchillo se utiliza generalmente para cocinar. En este sentido, es bueno. Sin embargo, en manos de un asesino, el mismo cuchillo puede ser problemático. El mismo principio se aplica a la empatía. Depende de cómo lo controles y lo uses.

Necesitas aprender a tener el control de tu habilidad en lugar de al revés. Desafortunadamente, muchos empatas terminan siendo controlados por las emociones de otras personas. Lo que empeora esto es que tienden a atraer energías negativas en lugar de positivas. Si atraes y te conectas con energías negativas, entonces pronto terminarás siendo negativo tú mismo. Tienes que aprender a lidiar con diversas emociones y energías. Una vez que finalmente pueda controlar su capacidad, entonces pronto se dará cuenta de lo útil que puede ser. Sí, puedes ayudar a la gente, incluyéndote a ti mismo, con empatía. Esta habilidad te permitirá conectar y entender a las personas de una manera más profunda y significativa. Como tal, puede ayudarte a darte una vida llena de amor, paz y felicidad. Escucha: Tienes un don. Simplemente tienes que aprender a usarlo como uno solo.

CAPÍTRULO 3: Cómo identificarte como un empata

¿Eres un empata? Te estarás preguntando si realmente posees la habilidad de empatía o no. Aquí hay signos notables para buscar:

Sentirse agotado después de estar con la gente

¿Te sientes agotado después de estar con la gente? Esta es una señal común de que probablemente tengas empatía. Suele ocurrir después de interactuar con las personas, especialmente cuando interactúas con personas negativas. Muchas veces, incluso sin interacción, pero sólo la mera presencia de otras personas puede hacerte sentir agotado. Usted puede notar esto cuando usted va a lugares poblados como el centro comercial. La razón por la que esto sucede será discutida más adelante en el libro. Esto también puede suceder cuando interactúas con una persona negativa. Si a menudo tienes este tipo de experiencia, entonces es un signo habitual de empatía.

Necesidad de soledad

¿Tienes la necesidad de tener tiempo a solas para ti mismo? Si sientes que necesitas dar un paso atrás de la gente y solo pasar tiempo contigo mismo, entonces probablemente eres una empatía. Las emrutas normalmente necesitan estar solas de vez en cuando, especialmente como una manera de liberar tensión y estrés.

Estar demasiado expuesto a las personas puede exponerte a varias energías, y esto puede ser caótico a largo plazo. Por lo tanto, se necesita tener un tiempo de soledad.

Hipersensibilidad

Lo principal que caracteriza a un empata es su hipersensibilidad. Si eres demasiado sensible, como ofenderte fácilmente, o si aprecias las cosas fácilmente, entonces ese nivel de sensibilidad normalmente muestra empatía. A nivel físico, también puede demostrar una baja tolerancia al dolor

Fuerte intuición

Los empatas son normalmente personas muy intuitivas. ¿Experimentas como ser capaz de sentir o sentir la personalidad de otras personas? ¿También sientes peligro o la presencia de energía positiva? Si tienes una fuerte intuición basada en tus sentimientos, entonces es más probable que seas una empatía.

Fácilmente abrumado por la negatividad

Otro signo de empatía es ser fácilmente abrumado por situaciones negativas, personas y experiencias. No hay ningún problema con las experiencias positivas, pero cuando estás en una situación mala o negativa, entonces ahí es donde tu habilidad empática te señalaría que hagas algo al respecto. Usted puede encontrar que es abrumador, y esa es su capacidad empática que le dice que resuelva la situación.

No sociable

Esto puede no aplicar siempre, pero muchas empatías no son sociables en el sentido de que evitan situaciones sociales. Esto se debe a tener experiencias indeseables por no poder controlar su capacidad correctamente. Por lo tanto, una empatía tendería a alejarse de las personas y evitar las interacciones sociales.

Sentir cómo se sienten los demás

Esto, por supuesto, es una clara señal de empatía. Si puedes sentir fácilmente cómo se sienten otras personas, entonces eres una empática. Esto es cierto, especialmente si eres capaz de sentir cómo se sienten otras personas incluso sin que ellos te digan nada. Aquí es también donde no solo entiendes a una persona basada en lo que te dicen, sino que eres capaz de entenderla a nivel emocional.

¿Se puede aprender y desarrollar la empatía?

Cada persona ya tiene algún nivel de empatía. Desde este punto de vista, se puede decir que todo el mundo es una empática. Sin embargo, aquellos que son llamados apropiadamente como "empatas" son aquellos que tienen una sensibilidad mucho mayor de lo habitual. Por lo tanto, sólo para responder a la pregunta, sí, la empatía se puede aprender y desarrollar. Las técnicas y prácticas de este libro le ayudarán a aprender y desarrollar su capacidad empática. Sin embargo, debe tenerse en cuenta que adquirir conocimiento por sí solo no es suficiente para tomar el control de su capacidad. También es necesario participar en la práctica real y continua para aprender las técnicas de este libro. Usted puede notar que este libro tiene un montón de técnicas de meditación. Esto se debe a que la meditación es la herramienta número uno para ayudarte a desarrollar tu capacidad empática.

Capítulo 4: Diferentes tipos de empatas

Por ahora, usted puede estar sintiendo razonablemente seguro de que experimenta empatía a un grado atípico. Pero para perfeccionar y dominar tus habilidades empáticas, tendrás que determinar qué tipo de empatía eres. Esencialmente, esta es una cuestión de qué forma de vibración energética se captura más fácilmente.

Los tipos de empatas más comunes se enumeran a continuación. A medida que leas, ten en cuenta que podrías ser un tipo de combinación, tal vez resuenes con las experiencias de los empáticos geománticos y animales, o de los empáticos emocionales y clarividentes. Tal vez usted es una combinación de más de dos tipos. También hay algunas formas de empatía que son tan raras que son ampliamente no reconocidas, y estos tipos de empáticos a menudo no tienen nombres oficiales.

Si bien hay diferencias notables entre ellos, todos los tipos de empatía están conectados por un reconocimiento universal de las fuerzas invisibles y su efecto en el mundo físico. A medida que aumentas tu sensibilidad y te esfuerzas por la expansión espiritual, puedes descubrir nuevos tipos de conexión empática dentro de ti mismo. Mantente abierto de mente.

Empata emocional

Si bien el concepto de empatía es difícil de medir, y puede ser imposible encontrar información precisa sobre cuántos existen en nuestra población hoy en día, parece que las empatías emocionales son con mucho el tipo más común. Puede ser debido a rangos normales de empatía emocional que aparecen presentes en la mayoría de los seres humanos desde el nacimiento. Para la mayoría de nosotros, el impulso de sentir las emociones de los demás tan profundamente como el nuestro se debilita a medida que maduramos y desarrolla un sentido más fuerte de ego personal. Algunos de nosotros, sin embargo, podemos aferrarnos a estas fuertes conexiones a lo largo de nuestra infancia, y luego sentirlas aún más poderosamente como adultos. Otros pueden aprender a enterrar sus sentimientos empáticos en la adolescencia, a medida que los compañeros les ejercen cada vez más presión para endurecerse y crecer una piel gruesa, sólo para que su naturaleza profundamente compasiva estalle con fuerza volcánica en un momento posterior de la vida. Muchas personas descubren sus identidades como empatas emocionales a través de la ruptura de una relación emocionalmente insalubre.

Los empáticos emocionales pueden sentir las emociones de aquellos que están físicamente cerca de ellos. Si tienen amigos, familiares o amantes a los que llegan a conocer íntimamente, a veces incluso pueden sentir sus emociones a grandes distancias, a través de llamadas telefónicas o correos electrónicos. Algunos empáticos también pueden ser capaces de detectar los sentimientos de las personas importantes en sus vidas mientras no están en contacto en absoluto.

A menudo están interesados en detectar cambios de energía, incluso muy menores. Es por eso que los empatas emocionales pueden detectar mentiras fácilmente y son difíciles de guardar secretos. Por lo general, pueden sentir dinámicas de grupo tácitas, o "vibraciones", y pueden sentir la tensión en las relaciones de otras personas, así como la energía sexual entre los demás.

La empatía emocional a menudo puede luchar para encontrar un sentido firme de sí mismo y mantener límites saludables en las relaciones. Si usted cree que es un miembro de este grupo, debe tener especial cuidado para evitar comportamientos codependientes con miembros de la familia, amantes y amigos. Los empatas pueden acostumbrarse tanto a estar llenas de las emociones de sus seres queridos, que inicialmente se sienten vacías cuando se dejan a sus propios dispositivos. También atraen a tipos deficientes de empatía como moscas a la miel. Los narcisistas, en particular, pueden ser muy atractivos para los empáticos emocionales, que pueden beneficiarse de la energía nerviosa del narcisista de dos maneras, al principio; la empatía puede sentir la misma admiración por el narcisista que el narcisista piensa por sí mismo, y también sentirse envalentonado por el sentido de confianza y la falta de vergüenza del narcisista. Esta sensación de empoderamiento es embriagadora para la empática; por lo general es fugaz, sin embargo, y a menudo parte de un ciclo de comportamiento abusivo que puede tener un efecto verdaderamente corrosivo en el amor propio de la empatía y el potencial de independencia futura.

Si te identificas como una empatía emocional, presta especial atención a cualquier pasaje de los siguientes capítulos que mencione los límites y cómo fortalecerlos. Las emociones pueden dar forma a nuestros pensamientos y nuestras percepciones de la vida, por lo que es esencial tomar el control de su bienestar emocional. Aprende a reconocer las relaciones en tu vida que son emocionalmente insalubres, cómo minimizar tu exposición a vampiros emocionales y cómo desviar la negatividad innecesaria.

Empata físico

Se cree que son el segundo tipo empático más común; empatas físicas también se conocen a menudo como empatas médicas.

Mientras que las empatías emocionales pueden compartir el dolor psicológico de quienes los rodean, la empatía física puede compartir dolores que provienen de lesiones o enfermedades. También pueden compartir sensaciones físicas agradables que se experimentan en los cuerpos de otros, como comodidad, masaje calmante, cosquillas, o estimulación sexual, pero esto parece ser menos común que la detección de dolencias y enfermedades.

Es posible que algunos empáticos físicos no sientan el dolor en el cuerpo de otra persona; en cambio, pueden simplemente ver o sentir la ubicación de una perturbación o bloqueo en su campo de energía, derivado de una lesión o enfermedad que es invisible a simple vista. Este método es frecuentemente utilizado por sanadores empáticos, practicantes de la acupuntura, reiki, reflexología, y otras tradiciones curativas no occidentales.

Para aquellos que comparten sensaciones físicas, el impulso de trabajar como sanador es algo así como una espada de doble filo. A través de la exposición a tantas molestias, lesiones y enfermedades, la empatía física puede asumir suficientes síntomas para presentarse como paciente con su enfermedad crónica o enfermedad autoinmune. Pueden encontrar frustrante o incluso infructuoso tratar de buscar un diagnóstico confiable de los dolores que los atormentan, ya que las exploraciones y las pruebas no detectarán ninguna causa verdadera.

Ya sea que desees usar tus habilidades para sanar a los demás, o simplemente quieres navegar por la vida sin dolores que no son tuyos, como empatía física, necesitarás desarrollar un fuerte escudo de energía. Aprende a protegerte antes de intentar curar a otras personas. Si te conviertes en un practicante de curación de cualquier tipo, asegúrate de reservar un montón de tiempo a solas para ti mismo para que puedas mantenerte en contacto con la sensación de tu cuerpo independiente, tanto en movimiento como en reposo. De lo contrario, puede correr el riesgo de adormecerse a sí mismo a sus lesiones o enfermedades, incapaz de notar los síntomas de su propia antes de que crezcan profundamente y se vuelvan difíciles de tratar.

Empata intuitivo

También conocido como intuitivo, empatas clarividentes pueden sentir más acerca de las personas a su alrededor que su estado emocional actual o sensaciones físicas. Recogen vibraciones y frecuencias energéticas, que a veces les permiten recibir mensajes específicos sobre el pasado, el futuro o las circunstancias actuales de otra persona más allá de los sentimientos. Por ejemplo, un empata emocional podría conocer a alguien nuevo y sentir sólo que la persona está emocionada y feliz, y la empatía física podría compartir la sensación de mariposas en su estómago; la empatía clarividente, por su parte, podría ser capaz de descifrar que la causa de estas sensaciones es un nuevo romance en ciernes. A veces incluso pueden recoger detalles más específicos, como el nombre o la edad del nuevo amor de esta persona.

Los empatas clarividentes son bastante raros, y aquellos que afirman poseer esta habilidad son, por desgracia, muy a menudo encontrados como fraudes. Si alguna vez está buscando ayuda de una empatía clarividente, tenga mucho cuidado con aquellos que parecen comercializar en masa sus habilidades, y especialmente aquellos que persiguen firmemente los negocios de las personas en un estado de dolor o desesperación.

Si te identificas como una empatía clarividente, ten en cuenta el hecho de que este don raro viene con su parte justa de riesgos y peligros. Alcanzar un estado de intimidad emocional con los demás puede resultar ser un desafío de por vida para usted, ya que tendrá dificultades para reconocer los límites o para fomentar la confianza con los demás. Si decides incorporar tu poder empático a tu carrera, ten cuidado de mantener un equilibrio entre tu trabajo y tu vida personal, y no permitas que tu conocimiento intuitivo te atraiga a una deformada sensación de confianza o invulnerabilidad. No importa cuán fuerte sea tu poder clarividente, el mundo siempre puede sorprenderte.

Empata animal

Los empatas animales parecen ser razonablemente raros. Son personas que sienten una empatía emocional o física más fuerte hacia las especies animales que con otros seres humanos.

Muchos empatas animales se sienten más cómodos en compañía de cualquier especie animal no depredadora, e informan que pueden sentir las necesidades y deseos de los animales. Esta habilidad a menudo se extiende a múltiples tipos de animales, pero algunos empáticos sólo tienen esta fuerte conexión con un grupo dentro del reino animal, con una especie específica, o incluso con un animal individual. Algunos empatas parecen ser capaces de localizar o rastrear animales en la naturaleza más fácilmente que la mayoría y se les permite acercarse a las especies nativas de lo que la mayoría de los humanos serían. Muy pocas empatías afirman tener conexiones telepáticas completas con los animales.

La mayoría de los animales, especialmente los que viven en manadas, son empatas naturales. Sin comunicación verbal, tienen que ser profundamente sensibles a todas las dinámicas energéticas que los rodean en aras de la supervivencia. Los animales también carecen de conciencia de muchas cosas que corrompen la comunicación en las sociedades humanas; no se sienten conscientes del tamaño de sus cuentas bancarias o avergonzados de sus formas corporales. La honestidad del ego animal junto con su capacidad de amar completa e incondicionalmente, hace que el tiempo con los animales sea refrescante y energizante para la mayoría de los tipos de empática.

Si te identificas como empatía animal, podría ser prudente considerar una dieta vegana o vegetariana. Si usted debe consumir carne o productos animales, objetivo de comer sólo aquellos que son de origen ético. Este cambio en la dieta puede tener un enorme impacto en su sensación general de bienestar y equilibrio interno. Algunos empatas de animales informan que tienen una conexión tan fuerte con la emoción animal que pueden saborear el miedo a un animal sacrificado por carne. Nunca es una mala idea probar una dieta de eliminación y familiarizarse con las necesidades personalizadas de su sistema digestivo; es posible que ni siquiera seas consciente de tu sensibilidad alimentaria hasta que intentes vivir unas semanas sin carne ni lácteos, y te des cuenta de que te sientes mejor que nunca.

Si aún no trabajas con animales, es posible que quieras gastar unas horas en un próximo fin de semana para visitar o incluso ser voluntario en un refugio de animales local. Utilice este tiempo para registrarse con usted mismo y evaluar si esta exposición a la energía animal tiene o no un efecto positivo o negativo en su estado emocional. Si es así, puede valer la pena adoptar una mascota propia o empezar a ser voluntario regularmente.

Empata de plantas

Los empatas vegetales parecen ser tan raros como los empatas de los animales. Pueden percibir las distintas necesidades de las plantas y los árboles; por lo tanto, hacen excelentes jardineros, agricultores y cuidadores de reservas naturales. La empatía de la planta tiene un pulgar verde natural; pueden halagar semillas para prosperar en ambientes donde por lo general podrían marchitar, y pueden predecir el destino de un cultivo antes en su período de crecimiento que la mayoría de los almanaques.

Aún más raro, algunos empatas vegetales tienen conexiones profundas y poderosas con árboles antiguos. Dicen recibir mensajes y sabiduría de ellos.

Los empatas de las plantas pueden sentirse emocional y físicamente incómodos cuando se distancian del mundo natural durante largos períodos. Si te identificas como empatía vegetal, es esencial llenar tu espacio de vida con plantas vivas; pensar en cuidar de ellos como parte de su rutina de cuidado personal, ya que generarán una porción significativa del oxígeno que respira todos los días.

También es posible que desee hacer un esfuerzo para consumir frutas orgánicas, verduras y hierbas, y muy frescas, si es posible. Regístrese para obtener una parte del rendimiento de las cosechas de una granja local o patrocine los mercados de agricultores siempre que pueda. A diferencia de los animales, el propósito principal de todas las plantas en esta tierra es almacenar y transformar la energía del sol, por lo que no hay necesidad de sentir ningún sentimiento de culpa al consumirlos si se cultivan éticamente. Sin embargo, es posible que desee investigar la fuente de cualquier producto que sea difícil de encontrar cultivado localmente y orgánico; la demanda mundial de consumidores empuja a algunos agricultores a producir o distribuir sus cultivos de manera que afecten negativamente al medio ambiente circundante. Si usted es particularmente sensible a las energías de las plantas, tal circunstancia podría presentarse dentro de usted como una incapacidad para digerir el alimento en cuestión, o una sensación fantasma de ansiedad o depresión después de comerlo.

Los empatas de plantas a menudo puede tener problemas para conectar profundamente con otros seres humanos. Incluso podrían resentir a la humanidad a nivel global por las muchas formas de destrucción que hemos impuesto contra el mundo natural. Por difícil que sea, la empatía vegetal debe hacer un esfuerzo para llegar más allá de su zona de confort y fomentar la conexión con al menos un puñado de personas, preferiblemente algunas que comparten su profunda preocupación por la vida vegetal. Podrían resultarles útil unirse a una organización ambiental para ver a estas personas mientras se devuelven al mundo natural al mismo tiempo.

Empata ambiental

Un empata geomántico tiene una capacidad genuinamente fenomenal para captar las vibraciones energéticas de objetos inanimados o materiales inorgánicos. También se les conoce a veces como empatas ambientales.

Los empatas geomántico generalmente se caen en una de dos categorías. En primer lugar, algunos están conectados a objetos individuales, habitaciones o edificios, y pueden detectar sus historias. Este tipo de empatía geomántica tendrá preferencias extremas o aversión a ropa, artículos para el hogar o autos de propiedad anterior, y solo puede vivir en edificios con legados emocionales felices.

El segundo tipo de empata geomántico mantiene una conexión con la tierra misma, y todas las rocas y piedras que una vez formaron parte de ella, incluso los granos de arena en una playa o los minerales microscópicos en la sal o el agua potable. Estas empatas a menudo pueden detectar desastres naturales inminentes antes de que cualquier rama de la ciencia pueda predecirlos.

Ambos tipos de empatas geománticos tienden a tener mayor sensibilidad a los materiales naturales. Piedra y roca, por supuesto, pero también madera (cruda, petrificada, o en cualquier otro estado), cáñamo y lino, concha de mar y huesoestos son excelentes materiales para incorporar a su espacio de vida si se identifica como un empata geomántico. También puede sortear que usted cosecha beneficios aún más significativos de la curación de cristal que la mayoría, por lo que es una gran idea para llenar su hogar con piedras curativas y mucha luz natural. La puesta a tierra también es una excelente manera de practicar el autocuidado, restaurar el equilibrio y recargar, particularmente cerca de costas, cordilleras o parches de tierra que no son perturbados por la arquitectura y la tecnología modernas.

Los museos de historia y arte pueden ser montañas rusas emocionales para la empatía geomántica, que siente conexiones profundas con los artículos y puede verse abrumado por la carga energética de cualquier cosa que haya estado en este planeta por más tiempo que la vida humana promedio.

Los empatas geománticos están profundamente conectados con los ecosistemas naturales, por lo que pueden encontrar una gran alegría a través de la defensa de las causas ambientales. Unirse a una organización que trabaja para detener la contaminación marina o la deforestación, o donar dinero para ayudar a mantener una reserva natural que es especialmente significativa para usted. También puede encontrar que tiene talento para diseñar casas o espacios de trabajo inspirados en la naturaleza; fácilmente podría prosperar en los campos de la planificación verde o el diseño orgánico. Vivir en ciudades densas, o cerca de fallas que causan terremotos y temblores frecuentes, en última instancia puede tener un efecto desestabilizador en usted. Pueden alterar su sentido del equilibrio interior.

Empata espiritual

Una empata puede identificarse como un médium si puede sentir o comunicarse con los espíritus que han fallecido. También se conocen a veces como canales. Sus poderes funcionan con mayor frecuencia como un cable telefónico, traduciendo o transportando mensajes de una fuente definida con precisión fuera del reino mortal o físico a las partes interesadas aquí en la tierra. Ocasionalmente, los médiums pueden funcionar como un cuerpo sustituto para una entidad fallecida, dejando que la voz, los manierismos, la postura y las expresiones faciales del espíritu fluyan a través de sus cuerpos mientras la empatía cae en una especie de estado de apagón.

No importa en qué forma un médium reciba mensajes, sus dones son extremadamente raros y a menudo presentan muy diferente de una empática a la siguiente. Algunos medios pueden elegir cuándo y cómo reciben señales del más allá, mientras que otros parecen recibir mensajes al capricho de los espíritus con los que comulgan, si su tiempo es conveniente o no. Algunos médiums canalizan mensajes de lo divino en lugar de los difuntos. El único rasgo definitivo que todos los medios comparten es la capacidad de obtener información del plano inmortal más fácilmente de lo que pueden interpretar los mensajes de los vivos.

Al igual que con la empatía clarividente, desafortunadamente hay muchos estafadores y fraudes que falsamente afirman poseer este tipo de poder y utilizan estas habilidades fingidas en aras del beneficio financiero personal, a expensas de los creyentes y los medios adecuados a su vez. Si realmente puedes sentir energía o mensajes del difunto, no hay nada de malo en ofrecer asistencia a aquellos que lloran la pérdida de un ser querido; además, no hay nada de malo en pedir un pago adecuado, ya que la canalización de esta energía puede ser bastante física y emocionalmente gravosa para el empata. Sin embargo, todos deben tener cuidado con los medios que persiguen a los clientes, sabiendo que están en duelo o emocionalmente vulnerables.

Muchos médiums encuentran la experiencia de canalizar todo lo que abarca e inmensamente agotador. Si te identificas como un empata médium, es probable que ya hayas aprendido a tener cuidado con los espíritus que permites usar tu cuerpo y mente como canal. La corrupción o posesión de espíritus malintencionados es un riesgo grave, y como hay tan pocos empáticos y sanadores en el mundo que están equipados para erradicar tales aflicciones, es mejor evitar la posibilidad por completo. Sigue con los espíritus con los que te sientas cómodo y confía en tus instintos intestinales. Prepárate para desconectar cualquier canal en el instante en que percibas la amenaza del peligro.

Empata Heyoka

Un empata precognitivo está en sintonía con las vibraciones energéticas del futuro. La mayoría, sin embargo, no afirman tener ninguna predicción clara o precisa de los días por venir, y a menudo tienen muy poco control sobre cómo y cuándo reciben información. Un gran número de empatas precognitivos reciben su conocimiento empático a través de sueños o visiones, y la información que ven suele ser abstracta o simbólica. Algunos empatas precognitivos reciben información mientras están despiertos, pero de nuevo, a menudo son el único privilegio de una sensación general de premonición o temor antes de una catástrofe, en lugar de recibir la información precisa necesaria para prevenir el desastre o advertir adecuadamente otros — algunos sienten acontecimientos futuros principalmente a través de fuertes sentimientos repetitivos de déjà vu o ansiedades fantasmas.

Los empatas precognitivos pueden encontrar que el antiguo mito de Cassandra resuena profundamente con su experiencia, ilustrando elocuentemente cómo su don empático puede ser tanto una maldición como una bendición. En este mito, Cassandra era al principio una princesa mortal; el dios Apolo se enamoró de ella desde lejos, y se acercó a ella, con la esperanza de ganarse sus afectos ofreciéndole el poder divino de la previsión profética. Cassandra aceptó el regalo al principio y aceptó ser su amante, pero luego cambió de opinión. Furioso, Apolo superó una maldición encima de su don sobrenatural; de ahora en adelante, Cassandra vería el futuro, pero no importa cómo tratara de advertir a los demás de lo que se avecinaba, nadie le creería. Eventualmente, la gente llegó a pensar en ella como una locura.

Del mismo modo, es probable que las empatas precognitivos estén acostumbrados a que sus reclamaciones sean desestimadas o no creyeran. Muchos incluso se desaniman profundamente por las opiniones de los no creyentes, y abandonan sus dones, distanciándose de su conocimiento profético a propósito. Como cualquier forma de empatía, la capacidad precognitiva no se ha corregido; puede ser nutrido y fortalecido o hambriento y debilitado. Si usted se identifica como un empático precognitivo y desea mejorar sus habilidades, un excelente lugar para comenzar es con el diario de sueños regular. Cuanto más frecuente y diligentemente registres los símbolos y mensajes abstractos que encuentras en tus sueños, más probable es que notes patrones o detalles importantes que destaquen.

Por el bien de su tranquilidad, es posible que desee tomar medidas proactivas para combatir o prevenir los síntomas de ansiedad. Averiguar qué formas de meditación, aromaterapia, o sanación sónica funcionan mejor para mantenerlo tranquilo y de sensato. También puede ser más propenso que la mayoría a llevar sus preocupaciones sobre el futuro en el estómago y el tracto digestivo superior, que sufre de condiciones como reflujo ácido o úlceras estomacales. Una dieta de eliminación puede ser útil, y usted puede encontrar alivio a través de cortar café, cigarrillos y refrescos. También puede canalizar la energía positiva enfocada a su 5o chakra, vishuddha, en la base de su garganta, lo que le permite comunicar su sabiduría precognitiva a los demás mejor. Su chakra del tercer ojo es probable que ya sea hiperactivo, así que favorece las prácticas que equilibran este chakra sobre aquellos que buscan abrirlo aún más.

Capítulo 5: Comprensión científica de ser un empata

Hasta ahora, la ciencia no ha sido capaz de proporcionar pruebas de una manera u otra, pero algunos hallazgos recientes pueden permitir que ambas posibilidades coexistan. El estudio de la epigenética se refiere a cómo nuestro material genético se ve afectado por nuestras experiencias y entorno, lo que significa que transmitimos más a nuestros hijos a través de nuestro ADN que simplemente un plano para el cuerpo. Con el descubrimiento de la epigenética, ahora somos capaces de teorizar que el trauma puede tener un efecto ondulado intergeneracional, dejando una marca duradera en los descendientes de las víctimas, ya sea que esos descendientes sean plenamente conscientes del trauma o no. Eso permitiría que un alma naciera con habilidades empáticas que son a la vez innatas y una respuesta desarrollada al abuso.

Hay muchas fuentes posibles de capacidad empática, y nueva información está continuamente surgiendo para ampliar nuestra comprensión de la misma. Del mismo modo, el campo científico aún no ha definido firmemente la causa de los trastornos de la personalidad con empatía deficiente, ni la de afecciones como el autismo y el síndrome de Asperger. Algunos creen que estos estados emocionales o condiciones se alimentan entre sí, como dos especies que comparten una relación simbiótica, o una encarnación real de las energías yin y yang. Otros todavía creen que hay explicaciones puramente biológicas para las condiciones que caen en ambos extremos de la escala de empatía. Luego, por supuesto, hay quienes ven la escala de empatía como un círculo en lugar de una línea, creyendo que una persona con una sobreabundancia de nueva habilidad empática puede evolucionar a un narcisista o viceversa.

Sea lo que sea que creas, una cosa está clara. La capacidad empática debe ser entendida, entrenada y equilibrada para ser parte de un estilo de vida saludable y feliz. En el siguiente capítulo, puede evaluar la fuerza de su sensibilidad empática y determinar cuánta energía se canalizará hacia la educación, la formación y la curación.

Capítulo 6: Habilidades empáticas

Es ahora y luego difícil decir si alguien es un empático, (un místico que tiene habilidades empáticas). El problema es que generalmente no sabes si alguien tiene estas fuerzas sobrenaturales, o si son simplemente sensibles, conseguir individuos. ¿Cómo sabrías si eres increíblemente empático?

Los empatas son increíblemente sensibles a los sentimientos de las personas que los rodean. Regularmente, una empatía probablemente percibirá lo que alguien está experimentando, independientemente de si no puede ver u oír a esa persona. Alguien con este tipo de habilidad "sabe". Muchos psíquicos con habilidades empáticas reportan experimentar los sentimientos de otra persona tal como eran los suyos. Sin embargo, esta no es generalmente la situación.

Un clarividente con este tipo de habilidad casi con seguridad percibirá los sentimientos de los demás, principalmente si esas emociones son estables. Los sentimientos regulares que experimentará un empata incorporan miedo, deleite, depresión, energía, amor y premonición. Cuanto más castigado sea el creyente, más sencillo será para la empática detectar, comprender y sentir.

Lo que establece a los empatas separados de otros individuos "típicos", es que tienen una comprensión más profunda y progresivamente táctil por lo que están sintiendo. Este instinto se origina desde dentro y es mucho más notable de lo que muchas personas entienden. Por ejemplo, un individuo "típico" puede darse cuenta de que alguien a quien adoran se pasa al vapor a detalles fácilmente pasados por alto que afirman o hacen. En cualquier caso, una empatía detectaría esto incluso sin ver o conversar con ese individuo, y una empática podría sentir si esa preciada se sentía agotada, envidiosa, furiosa o herida. Este instinto místico se originaría desde el interior, no desde el visual o capaz de ser escuchado signos del mundo físico.

Los empatas pueden saber cuándo algo no está bien, independientemente de si ese algo no ha ocurrido en este momento. Están abrumados por un profundo sentimiento de premonición que les advierte que todo no es como debe ser. Un individuo "típico", entonces de nuevo, no tendría la opción de saber cuándo ocurriría algo sorprendente o peligroso.

Todas estas cosas estables extraordinaria; sin embargo, no todas las personas entienden que también puede ser difícil ser una empática. Esto se debe a que los empáticos no están listos para "apagar" sus habilidades en cualquier momento que necesiten. Es decir, no pueden elegir si sentir algo. En su lugar, deben sentir lo que su instinto clarividente detecta, independientemente de si prefiriesen no. Este es un peso enorme para los empáticos, y es además por lo que los psíquicos empáticos pueden enfermarse por agotamiento.

Qué son y cómo saber si los tienes

Los empatas son criaturas bastante naturales, más expertas en entender a los individuos que "señales" o cartas de tarot. Hay individuos de naturaleza empática que tienen esas capacidades, sin embargo, eso es sólo un pedacito de lo que es una Empata.

El entusiasmo por el individuo empático acaba de aumentar últimamente siguiendo la fabricación de Jad Alexander. Un suplente de la ciencia del cerebro, Jad comenzó a percibir ciertos tipos de individuos que tenían notables y elevados grados de afectiviidad. Eran naturales, teniendo la opción de detectar las cosas a un nivel oscuro e inaccesible para el individuo promedio. Llegó a la resolución después de 30 años de contemplar este tipo, que tenían con certeza talento, teniendo la capacidad de "conocer" las cosas naturalmente, por ejemplo, cuando alguien los necesitaba para llamar, cuando alguien estaba en una pésima posición y requería asistencia, o incluso cómo llegar a un lugar sin haber estado allí o siguiendo los rodamientos.

Llegó a la resolución de que estos individuos tenían ajustes únicos en sus sistemas sensoriales focales (CNS). La colaboración entre el SNC y la mente fue notable hasta el punto de que hizo una "intuición", una que recibió mensajes a un nivel mucho más alto que las personas "comunes", y preparó imprediblemente esos mensajes. Aquellos que esta maravilla aún no ha sido evaluada por la ciencia. Muchas personas han puesto tiempo y activos en investigar precisamente lo que es un empata.

A través de estos exámenes, se ha resuelto que aquellos con naturalezas empáticas agrupa características típicas específicas. El denominador más ampliamente reconocido es una sensación edificada de afectividad. Regularmente estos individuos son marcados como personas demasiado delicadas; sin embargo, tal vez ultrasensible es una definición cada vez más adecuada. Están increíblemente abiertos a los aromas, el clamor y la luz, sus órganos reales tienen un borde bajo, lo que mejora la cantidad de respuestas a sus facultades.

A pesar de estos altos grados de afectividad, los empatas son frecuentemente bombardeados con una progresión consistente de consideraciones y sentimientos arbitrarios, aparentemente tontos. Esto se debe a que a menudo "obtienen" las preocupaciones y sentimientos de los demás, aquellos en su región rápida, por muy regulares que sean las personas que están a kilómetros, si no los mares de distancia. Esta es la forma mental de lo que es una Empatía, una condición con la que aquellos desinformados de su bendición luchan. Como resultado de las inmensas medidas de datos, están aceptando, y no entendiendo su temperamento, muchos se vuelven dominados y confundidos, buscando regularmente la dirección mental, o incluso la medicina.

Usted puede meditar: "¿Qué es una Empata en lugar de un místico? La aclaración básica es; mientras que un clarividente "ve", un individuo empático "siente". Las corazonadas y los sentimientos de los encuentros de personajes empáticos son mensajes místicos. La cuestión es que estos mensajes se imparten en una especie de lenguaje clarividente que es a la vez remoto y complejo. Entender este lenguaje, conocido como Dreamtongue, es esencial para controlar exactamente lo que es una Empatía en última instancia.

Capítulo 7: Empata en amistad y relaciones

Las relaciones amorosas y románticas pueden ser una lucha para los empatas. A menudo es una de las mayores preocupaciones a las que se enfrenta una empatía debido a su deseo de desarrollar y mantener estas conexiones profundas, pero, aun así, mantener sus límites necesarios. La mayoría de las empatas tienen personalidades similares, y por lo tanto la cadena de problemas y fortalezas en las relaciones personales tiende a ser similar. En su mayor parte, si usted es un empático, usted está nutriendo, quiere ayudar a los demás, y es un maestro natural. También te gusta que otros sean felices, y a menudo se puede describir como un "ala de complacer a la gente". Algunas de estas tendencias naturales te hacen sacrificarte por la felicidad de los demás y a menudo son tranquilas. Eres una persona cariñosa en tu núcleo. Parte del cuidado es observar lo que está pasando con su entorno y minimizar las confrontaciones o situaciones dramáticas. Si bien estos rasgos pueden no describir bien su empatía, es una generalización de lo que muchos empatas tienden a encarnar o expresar.

Lo que también tiende a venir con el "territorio" de ser un empata es la sensación de que no vales tanto como los demás. Usted puede sufrir de baja autoestima y caer en un estado depresivo, sentirse solo, sentir que debe depender del apoyo de los demás, y sufrir de altos niveles de ansiedad.,

La dependencia de los demás a menudo sale en relaciones románticas y profundamente conectadas. Es en su naturaleza, como un calmante natural y sanador, para buscar una pareja que requiere calma y curación. Debido a que no te gusta el conflicto, y quieres ayudar a la gente, tiendes a encontrar socios que están en conflicto para "ayudarlos" a encontrar la paz. Debido a su naturaleza amorosa y nutritiva, a menudo busca personas que carecen de esto y por lo tanto lo "necesitan". Esto resulta en tener un compañero agresivo o enojado que usted está tratando de "arreglar". Como empata, tiendes a ser de voz suave, y esto puede llegar a ser dominado por un compañero ruidoso, bullicioso y franco.

Mientras que un partido como este puede sentirse "correcto", el resultado a menudo puede dejarte, como la empática, sintiéndote maltratada y mal utilizada. Es especialmente doloroso porque esto sucede por las personas que aman y sienten son sus conexiones más cercanas. Puede que no sea evidente para la empatía que están siendo abusados o manipulados, especialmente debido a su naturaleza solidaria. Las empatías quieren apoyar a los demás, y a menudo devuelven el comportamiento de su pareja a su propio "problema".

Autoestima

Tu autoestima se ve afectada negativamente cuando pones las necesidades de los demás por encima de las necesidades de ti mismo, especialmente para una empatía. Es posible que te envíes mensajes internamente a ti mismo que no seas "suficientemente bueno" o "vale la pena", en comparación con otra persona. De hecho, muchos empáticos se comparan con otras personas y eligen poner las necesidades de los demás por encima de las suyas para la única creencia de que la otra persona merece o lo necesita más. Una empatía considera que otras personas necesitan ser nutridas, pero a menudo no ve ni piensa que merecen ser nutridas, también. Y luego añadir en la afluencia de emociones negativas y poderosas de otras personas que se puede asumir como una empatía, y su sentido de autoestima tiende a hundirse aún más.

Si no está seguro si sufre de baja autoestima o sentido de autoestima, vea si alguno o todos los siguientes puntos le describen:

- Estás ocupado todo el tiempo. Cuando estás ocupado no tienes que tomarte el tiempo para investigar tus "problemas" personales. Cuando estás ocupado y muestras esta actividad a tu comunidad, tienes una "máscara" para tus emociones y sentimientos, por lo que no necesitas dirigirte a ellos.

Las relaciones vulnerables e íntimas son duras y aterradoras. La mayoría de sus conexiones son superficiales, en el mejor de los casos.

- Estás constantemente trabajando para ser "perfecto". Sientes que hay algo así como ser perfecto y trabajas hacia ella en la mayoría de las cosas que haces. Pero cuando te quedas corto, lo cual, por supuesto lo harás porque no existe tal cosa como la perfección, te vuelves sensible y desanimado.

- Te sientes incómodo "en tu propia piel". Pasas mucho tiempo mirando tus errores, pérdidas y fracasos percibidos y no tienes tiempo para considerar tus éxitos. A menudo encuentras que tu apariencia falta, y pasas mucho tiempo tratando de hacerte ver "mejor". Ves defectos, incluso en partes de ti que otros tienden a elogiar o felicitar. Hemos detectado un problema desconocido.

- Pasas mucho tiempo pensando en el pasado. Te revuelcas. Cosas en las que fallaste o no te fue bien molestarte durante mucho tiempo. Guardas rencor. También te preocupas mucho por el futuro, basado en la percepción de tu pasado "fallido". No pasas mucho tiempo, ni ningún tiempo en absoluto, en el momento presente.

- Te preocupas por lo "desconocido". No te gusta probar cosas nuevas porque te preocupa ser perfecto o fallar. Nunca tomas el "salto" en algo diferente. Te retienen de alcanzar todo tu potencial, y a veces lo sabes, pero no puedes liberarte de todos modos.

Nunca estás de acuerdo con lo que tienes. Siempre estás reemplazando cosas, o comprando algo diferente, incluso cuando no es necesario. Si estás utilizando un ordenador portátil o una tablet, intenta moverte a otra ubicación e inténtalo de nuevo.

Esta baja autoestima para un empático puede conducir a una personalidad adictiva en sus relaciones. A veces esto hace que una persona sienta que no vale nada a menos que esté en una relación romántica. Usar el sexo para conectarse y vincularse también es un rasgo común para un empático y alguien con baja autoestima. Buscas ser "aceptado" y usar tu cuerpo para sentir que estás "adentro". Otro rasgo común es saltar de una relación a otra. Si eres un empático con baja autoestima, es posible que te encuentres dependiendo cada vez más de la otra persona, sacrificando tu independencia. Renuncias a todo el control a la otra persona. Usted "permite" que la otra persona haga todo porque usted "no es capaz" de hacerlo usted mismo.

Esto incluye cosas como tomar la decisión sobre qué y dónde comer, hacer mandados, pagar las cuentas, etc.

Además, la baja autoestima puede expresarse en la aceptación de comportamientos no armoniosos. Por ejemplo, una empatía con baja autoestima puede poner excusas para una persona que está abusando física o mentalmente de ellos. Aceptan la violencia de la otra persona e incluso encuentran "razones" para este comportamiento. La apariencia de la empatía abusada puede verse muy afectada, o la empatía puede simplemente aparecer "fuera de clase" o desaliñada a menudo. Esto puede suceder debido a la naturaleza de esforzarse por la perfección. Cuando una persona no siente que parece "perfecta" y pierde la esperanza de que alguna vez lo hará, puede terminar rindiéndose. Dejan de tratar de vestirse bien y acicalarse, y por lo tanto su apariencia refleja esta falta de atención.

Cuando la autoestima continúa disminuyendo, es común entumecer interna o externamente sentimientos y deja de mostrarlos libremente. En lugar de compartir abierta y honestamente cómo se sienten, es común escuchar frases como "Estoy bien", o "Todo está bien", incluso cuando está claro que esas declaraciones no son la verdad. Aquellos en malas relaciones pueden comenzar a sentirse indefensos y desesperanzados; atrapados en una situación negativa. Esto aumenta los sentimientos de pérdida, desesperación y depresión. Puede ocurrir un comportamiento errático.

Después de esta expresión, puede esperar que los resultados se agravan en los problemas en lugar de ayudarlos. El comportamiento que causó la baja autoestima en primer lugar ahora se convierte en algo común. Esta persona puede incluso comenzar a reflejar este comportamiento, pasando de los abusados al abusador. Se hace casi imposible ver lo positivo en cualquier situación, y todo lo que es evidente en las situaciones negativas. Además, es casi igual de imposible auto reflexionar y ve cómo el comportamiento es extraño o inapropiado.

Empatas y el amor

Mientras que la información anterior puede parecer desalentadora e incluso deprimente, no lo hace y a menudo no es así. Las relaciones poderosas y significativas son posibles, con aceptación, condicionamiento y comprensión. Pero antes de sumergirse en el increíble potencial de relación para los empáticos, es importante, para empezar, la misma "definición" de amor.

En 1973 The Colors of Love fue publicado por J.A. Lee. Hay seis tipos diferentes de relaciones amorosas según su libro:

1.   "Eros" - relaciones románticas y apasionadas. Aquí es donde encaja el dicho, "todo lo que necesitas es amor". Es visto como lo más importante en la vida.

2.   "Ludus" - amor juguetón o no comprometido. En este tipo de relación, los socios a menudo son engañosos o se mienten unos a otros con frecuencia. La conquista es el aspecto más importante de este tipo de relación.

3.   "Pragma" - una relación mutuamente beneficiosa que es práctica para una o ambas partes. En lugar de tener relaciones sexuales por placer, es visto como un proceso reproductivo y puramente funcional. Puede ser una conexión poco romántica.

| 4. | "Storge" - una amistad profunda y a largo plazo. No siempre hay relaciones sexuales involucradas en esta relación, pero los socios disfrutan de pasar tiempo unos con otros. |

| 5. | "Mania" - una necesidad obsesiva de posesión. Los celos son a menudo el resultado de este tipo de relación. Esto también puede conducir a comportamientos como el acecho. |

| 6. | "Agape" - cuidado, suave y dando asociación. Es amable y "hermano". Esta es una forma rara de amor. A menudo se ve cuando una persona desinteresadamente da a otra sin tener en cuenta sus propios deseos. |

La información proporcionada en este capítulo no pretende disuadirte de desarrollar relaciones personales saludables y amorosas, sino más bien mostrarte cómo puedes interactuar con el mundo. Y esta información le da la oportunidad de verla por lo que es y ser capaz de cambiarla. Esta es la cantidad de empatas que se involucran en el mundo, pero no es necesario ni la mejor conexión. La forma en que te ves a ti mismo y cómo trabajas con los demás determina los tipos de relaciones que desarrollas. A menudo, la elección de su pareja tiene más que ver con la forma en que anteriormente fue "condicionado" en lugar de una elección consciente. Es posible que te criaste en una situación que reflejaba una relación romántica similar o más tarde en la vida estabas condicionado a ver este tipo de relaciones como "normales" e incluso aceptables.

Pero estas realidades no son la verdad para todos los empáticos. Muchos aprenden y saben acerca de su capacidad y encuentran maneras de proteger su yo central de las influencias externas. Cuando saben quiénes son en su centro, pueden elegir conscientemente socios que reciproquen su amor y apoyo. Conocer y reconocer estos comportamientos y relaciones comunes es el primer paso para tomar una decisión sabia sobre las conexiones románticas y saludables.

No se puede negar que ser un empata y las relaciones amorosas son difíciles de unir. El tiempo y la consideración necesarios para formar estas conexiones no siempre son fáciles. También requiere que pienses en las relaciones en lugar de ir por tus sentimientos, lo que puede parecer antinatural para una persona que es impulsada por sus emociones. Por ejemplo, naturalmente quieres ayudar a otras personas, pero en una relación, no siempre debe ser acerca de que ayudes a la otra persona. En su lugar, tendrá que elegir un socio que identifique como alguien que no solo apreciará su ayuda, sino que también le ayudará a protegerse de la ampliación excesiva o el daño a sí mismo. Usted querrá elegir un compañero que sea de apoyo, positivo, tranquilo y estable. Personas como esta pueden no necesitar fácilmente ayuda, como los otros socios que has tenido en el pasado, pero todas las personas necesitan ayuda y apoyo, incluyéndote a ti mismo, y este tipo de pareja es ideal para relaciones saludables y amorosas. Un compañero que encarna estos rasgos te ayudará a mantenerte en tierra y estable en tu propia vida personal. Es común no sentirse atraído por este tipo de persona en el principio, pero con el tiempo y la consideración, usted podría encontrarse disfrutando de su compañía. Piensa en desarrollar ese amor de "almacenamiento", diseñado para la conexión a largo plazo, y tendrás una relación significativa que te cumplirá y te apoyará en los años venideros.

Antes de comenzar una relación romántica con cualquier persona, tómate tiempo para ser consciente y cómodo con tu verdadero yo. Necesitas tener una autoestima fuerte, ser consciente de cuáles son tus atracciones subconscientes, identificar qué comportamientos y opciones son respuestas condicionadas y ver tus interacciones con otras personas. Cuanta más conciencia poseas con respecto a tu propia vida, más podrás aportar una relación amorosa. Usted será capaz de desarrollar algunas de las relaciones más significativas y profundas que son saludables para usted y la otra persona. Este amor proporcionará apoyo y aliento durante muchos años.

Capítulo 8: Porqué los empatas necesitan tiempo a solas

Para entender realmente su naturaleza empática, es necesario utilizar lo que se conoce como **introspección**. La introspección es una forma de mirarte dentro y analizarte a ti mismo. Esto te ayudará a saber quién eres realmente. Como empata, es imprescindible que tengas una buena comprensión de ti mismo. Esto puede ayudarte a identificar quién eres realmente de las tantas emociones y energías que puedes sentir. No es raro que los empatas no entrenados confundan los pensamientos y emociones de otras personas con los suyos. Por lo tanto, realmente necesitas conocerte mejor.

Entonces, ¿cómo se hace la introspección? Bueno, esto no es nada difícil. Se trata de hacer autoexamen regular. Lo importante es ser abierto y honesto contigo mismo. Se recomienda que lo haga de forma regular, preferiblemente por la noche antes de irse a la cama. Haz que sea un hábito de examinarte a ti mismo, especialmente cómo te sientes cuando estás con la gente. Observa cómo tus emociones y las emociones de otras personas te afectan. Es importante tener en cuenta que no son sus emociones y que tampoco son las emociones de otras personas. Pase lo que pase, tienes tu propia identidad. Entiende que no puedes ser realmente afectado por la energía/emociones de otras personas sin tu consentimiento.

Entiende quién eres. ¿Cuáles son tus gustos y aversiones? ¿Cuáles son las cosas que te pagan y las que te hacen sentir bien y feliz? Cuanto más sepas quién eres, mejor. Trate de ser lo más específico posible. Si no puede especificarlo, lo más probable es que lo que sea aún no está claro para usted. Esté más atento a sí mismo y cómo se siente. También debe prestar atención a cómo se siente antes de interactuar con una persona. A continuación, puedes reflexionar sobre cómo otras personas pueden afectar tu estado de ánimo y tu estado emocional. Es importante tener siempre un sentido de autoidentidad, pero antes de poder hacerlo, primero necesitas saber qué es esa identidad, y la única manera de hacerlo es saber quién eres.

Comprendiendo tus miedos

También es importante que entiendas tus miedos. En primer lugar, debe identificarlos. Después de identificar tus miedos, necesitas entenderlos. ¿Qué causa tus miedos? ¿Hay buenas razones para tus miedos? Una vez que seas capaz de identificar tus miedos, ahora puedes tomar acciones positivas para resolverlos. Tenga en cuenta que está bien tener miedos. Un error común es no admitir tus miedos. Si no los reconoces, entonces no hay manera de que puedas enfrentarlos y superarlos.

¿Piensas en lo que evoca tu miedo? ¿Es el miedo a no ser aceptado por otros? No hay reglas duras y rápidas en esto. Realmente necesitas tomarte el tiempo para reflexionar y entender cuáles son tus miedos. Una vez más, es importante que empieces a reconocerlos. También debe considerar los efectos de su miedo. No te sorprendas si encuentras algunas de las cosas que temes que sean infundadas o algo que no debas temer en absoluto. De hecho, muchas de las cosas que la gente teme provienen de un simple malentendido. Sin embargo, si te mueves y miras más de cerca lo que temes, hay una buena posibilidad de que veas encontrar que no hay una buena razón para temerlo en absoluto. Cuanto más entiendas tu miedo,

más podrás identificar las acciones correctas que debes tomar para superarlo.

Autoaceptación y realización

Antes de que otros puedan aceptarte, primero debes aceptarte a ti mismo. Una parte de esto es aceptar tu habilidad. Ten en cuenta que tu habilidad empática es un regalo, siempre y cuando la uses correctamente. Acepta quién eres como persona, incluyendo tus debilidades, y aprende a amarte a ti mismo. Ahora, debe tenerse en cuenta que reconocer sus debilidades no significa que usted no va a hacer nada al respecto. En su lugar, usted debe aceptar sus imperfecciones, pero aun así hacer todo lo posible para corregirlas. Simplemente no hay fin a la superación personal.

Es importante señalar que esta aceptación debe hacerse pacíficamente. Si no puedes hacerlo en paz, entonces sólo significa que todavía hay algo en ti que no entiendes completamente. Y lo que es más importante, deberías aprender a aceptar tu regalo. Sí, puede ser difícil al principio. Pero, una vez que aprendas a usarlo correctamente, sólo entonces te darás cuenta de que la empatía es de hecho un regalo, y es algo que puedes usar para ayudar a las personas, incluyéndote a ti mismo.

Tú contra el mundo

Si usted ha llegado con la realización correcta, entonces usted debe saber que usted no tiene que ir contra el mundo. De hecho, el mundo puede ser un hermoso lugar para que vivas. Así como aceptas a otras personas con sus defectos e imperfecciones, también deberías aceptarte a ti mismo. Cuando hagas esto, otras personas también podrán aceptarte por lo que eres. La aceptación comienza contigo mismo.

No permitas que tu capacidad te impida conectarte con otras personas. Debes darte cuenta de que el amor, la felicidad, la paz y la bondad – todas estas cosas necesitan que estés con otra persona. Si cierras las puertas de todos, entonces acabarás solo frente a la vida por ti mismo. Sin embargo, debe recordar que tiene una opción. Al practicar las técnicas de este libro, puedes mezclarte y socializar con las personas y llenar tu vida de felicidad, amor y paz. El mundo no es tu enemigo. Sólo necesitas conquistarte a ti mismo.

Capítulo 9: Cambia tu mentalidad con pensamiento positivo

Camino hacia la superación personal

Cuando desarrollas un mayor sentido de autoconciencia, encontrarás que es más fácil dominar lo que quieres y necesitas tener éxito en tu vida. Centrarse en ser más consciente le permitirá tomar el control de sus emociones, comportamiento y personalidad, haciendo que sea más fácil decidir cuál es su dirección basada en sus decisiones.

Para desarrollar plenamente la autoconciencia, debes tomarte tiempo para sentarte a solas con tus pensamientos y entender lo que te hace pensar y actuar de la manera en que lo haces. No puedes aprender leyendo un libro, pero puedes tomar el consejo de lo que has leído. Desarrollar la conciencia consiste en centrar toda tu atención en tu yo interior y dirigir tus pensamientos externamente, luego prestar atención al porqué y cómo.

La autoconciencia es ser consciente de ti mismo, de tus pensamientos y de por qué tus ideas se convierten en acciones basadas en tus creencias sobre lo que te impulsa. Aprender autoconciencia es como aprender a bailar. Los bailarines deben ser conscientes de su entorno y de la forma en que se mueven sus cuerpos. Aprenden coreografías y pasos a través de sus maestros y libros, pero un libro y un maestro no pueden enseñar a un bailarín a bailar. Un bailarín necesita ritmo para influir en la forma en que se mueven a la música, lo que sus parejas están haciendo, cuánto espacio en el piso tiene, y la conciencia de otros bailarines, teniendo en cuenta sus enseñanzas. La autoconciencia es la misma, prestando atención a nuestros pensamientos, emociones y comportamientos y combinándolos para actuar en consecuencia.

Eres lo suficientemente bueno

Aprender a autorregularse es una habilidad que es importante para la madurez emocional y las conexiones sociales. La madurez refleja la capacidad de enfrentar desafíos emocionales, sociales y cognitivos en el medio ambiente con persistencia y consideración. La autorregulación se parece mucho a la atención plena. La atención plena es la práctica de conocerse a sí mismo observando el comportamiento sin ser juicioso y sin etiquetar nuestros pensamientos o emociones en la vida cotidiana.

La autorregulación requiere que alguien haga una pausa entre expresar emociones y actuar sobre el sentimiento o el estado de ánimo en este momento. Esta persona se tomará el tiempo para pensar las cosas racionalmente, hacer un plan y esperar pacientemente, observando cuidadosamente el porqué, qué y cómo.

Si a alguien le cuesta desarrollar la autorregulación, por lo general significa que la incapacidad para expresar la autorregulación comenzó en la primera infancia. Un niño que ha sido descuidado no se siente seguro y seguro, lo que resulta en la dificultad del niño para calmarse. Más adelante en la vida, si esta habilidad no fue desarrollada, un adolescente puede tener dificultades para manejar sus sentimientos y actuar impulsivamente sobre ellos. Si no se establece la autorregulación, podría o puede causar problemas con trastornos de salud mental y problemas con el abuso de sustancias como beber, drogas o hábitos de fumar.

Desarrollar buenas técnicas de autorregulación es proporcionar estructura y rutina cuando somos bebés a los niños. Las rutinas ayudan a los niños a aprender qué esperar, lo que hace que sus vidas sean más fáciles de manejar, aprender y crecer. Cuando nos convertimos en adultos, podemos manejar la autorregulación al entender que tenemos el control de nosotros mismos, no de los demás o del mundo que nos rodea. No es la mano que se le ha repartido, pero la forma en que reacciona a ella lo que es esencial para una buena regulación. En cada situación o aspecto de nuestra vida, generalmente tenemos tres opciones; podemos acercarnos, evitar y/o atacar. Con esto en mente, entienda que, incluso si algo está fuera de su control, siempre tiene una opción con respecto a cómo reaccionará a la circunstancia. El siguiente paso es tomar conciencia de tus sentimientos. Pregúntate por qué quieres correr o por qué sientes que necesitas arremeter con ira. Restaure el equilibrio centrándose en sus valores internos y prestando poca atención a sus sentimientos o emociones temporales.

Cuando practicas la autoconciencia y la autorregulación, estos rasgos se convertirán instintivamente en una forma de vida para ti, actuando como segunda naturaleza. Mejorarán su resiliencia y capacidad para enfrentar escenarios desafiantes en su vida.

Deja de procrastinar

Una de las muchas razones por las que alguien tiene éxito en sus vidas profesionales y personales es porque tienen alta inteligencia emocional. Alguien que posee alta EI tiene ciertas cualidades sobre ellos que practican todos los días para mantenerse tan exitosos como lo son.

Aquí hay una lista de cualidades a poseer para mantener un nivel constante de IE dentro de sí mismos.

1. No son perfeccionistas.

Ser perfeccionista puede estorbarte en el camino de ser emocionalmente inteligente porque los perfeccionistas tardan demasiado tiempo en buscar respuestas que pueden no estar ahí, lo que resulta en la dilación y acortamos sus metas. Las personas con EI reconocen que la perfección no existe, y si otra persona comete un error, no mora; aprenden de él y siguen adelante.

2. Equilibran el trabajo y el juego.

Todo el trabajo y poco juego conduce a altos niveles de estrés y problemas de salud. Las personas con EI saben cómo equilibrar el trabajo y el juego para que no se abrumen con tareas estresantes. Por ejemplo, dejarán de lado el tiempo para el "tiempo de mí", sabiendo que esto les ayudará a ser más eficientes cuando llegue el momento de trabajar.

3. Se adaptan al cambio.

Tener IE significa que no tienes miedo al cambio y puedes adaptarte bien a él. Las personas emocionalmente inteligentes saben que temer al cambio es un obstáculo para el éxito. Cuando pasan por el cambio, se aseguran de que planifiquen y se preparen antes de saltar, lo que conduce a la adaptación si cambia de entorno.

4. No se distrain fácilmente.

Las personas que se distraen fácilmente no tienen un alto nivel de inteligencia emocional. Si no puedes concentrarte en la tarea en cuestión sin apagar primero el teléfono o deshacerte de las distracciones, es posible que debas trabajar en tu inteligencia emocional. Las personas con IE pueden trabajar o concentrarse sin distraerse fácilmente.

5. Conocen sus fortalezas y debilidades.

Las personas con IE se conocen a sí mismas y lo que quieren. Se esfuerzan por hacer lo que son buenos y trabajan en lo que no son. Entienden cuando algo está fuera de su elemento y no ponen tanto énfasis en tener éxito en él; reconocen que sus debilidades son una pérdida de tiempo. Por ejemplo, si eres genial en tejer, pero no tan genial en la construcción, entonces no vas a hacer todo lo posible para lograr técnicas de construcción a menos que tengas que hacerlo.

6. Se motivan a sí mismos

Cuando alguien se automotiva, irá tras sus ambiciones sin importar lo que se interponga en su camino. Son ambiciosos y orientados a la meta, ya sea que se desarrolle a una edad temprana o más adelante en la vida.

7. Dejar ir el pasado y no se detienen en él.

Cuando alguien está demasiado ocupado, no tiene tiempo para demorarse en el pasado o guardar rencor. Aprenden a dejar de lado lo que no pueden controlar y eligen centrarse en lo que pueden en el presente y para su futuro. Cuando guardas rencor o te centras demasiado en el pasado, te consume la negatividad, lo que causa altos niveles de estrés. Si usted tiene inteligencia emocional, usted encontrará que usted no tiene que centrarse en los lazos estresantes en su vida; siempre concéntrese en los resultados positivos en lugar de en lo que le está pesando.

8. Establecen y mantienen límites.

Muchas personas con EI tienden a salir como flexiones debido a sus respectivas actitudes y aura amable, pero, de hecho, siempre establecen límites y son buenos para mantenerlos. Cuando una persona emocionalmente inteligente asume demasiados compromisos, rápidamente aprende a cuidarse diciendo que no a los demás, asegurándose de que equilibren su trabajo de manera efectiva. Saben que, si dicen que sí a todo, sus niveles de estrés aumentarán, y su agotamiento ocurrirán antes y más a menudo.

Capítulo 10: Controlando tus emociones

Las emociones son una de las fuerzas motrices en la vida de todos. Todos los tenemos y nos han visto a través de muchas cosas, no importa quiénes seamos o la edad que tengamos. Estaban allí cuando pasamos por desgarramientos devastadores y dolorosos, cuando nos enfrentamos y sobrevivimos a algunos de nuestros mayores temores, y cuando necesitábamos la advertencia de alejarnos de situaciones tóxicas. Por supuesto, no sólo están allí durante los malos momentos. Nos han dado la capacidad de sentir las alegrías de la verdadera amistad, la compasión el uno por el otro, y una de las emociones más fuertes de todas, de amar tan profundamente como podamos.

Es fácil dejar que las emociones lideren el camino, especialmente cuando uno considera lo fuerte y poderoso que puede ser, pero estos sentimientos siempre deben ser recibidos con la razón y la lógica. Parece difícil de pensar, ¿no? El control emocional es algo de lo que a menudo no se sabe.

Dicho esto, el control emocional es un término que he escuchado mucho a lo largo de mi vida. Mi madre, en particular, fue la que me enseñó sobre EQ. Como empatía, era algo que a menudo perdía de vista al invertir demasiado emocionalmente y/o involucrarme. Como resultado, a menudo dejo que mis emociones me gobiernen cuando debería haber las dictaminado. Entonces, ¿qué es exactamente EQ?

Todos sabemos lo que es el coeficiente intelectual, ¿verdad? Bueno, EQ es básicamente el equivalente emocional, siendo nuestra inteligencia emocional. Identificar y fortalecer nuestro ecualizador nos ayuda a controlar nuestras emociones. Es la capacidad de reconocer no sólo nuestras propias emociones, sino las emociones de los demás. Sabemos que los empáticos son especialmente buenos para sentir las emociones de los demás, pero no siempre son buenos para decir la diferencia entre estos sentimientos y nombrarlos adecuadamente, junto con separar sus propias emociones de las emociones de los demás. Es por eso que es importante desarrollar y entender EQ porque puedes usar estos sentimientos y emociones como una guía para manejar y/o ajustar las emociones. Una vez que hayas aprendido a gestionarlos, estarás mejor equipado para adaptarte a los entornos, alcanzar tus objetivos y comportarte/ pensar más adecuadamente en cualquier situación dada.

Tener un buen nivel de control sobre tus emociones no significa que no puedas caer de cabeza sobre los talones en el amor o que no puedas tener un poco de descomposición mental de vez en cuando. Todos somos humanos, después de todo. Estas son experiencias totalmente normales para pasar. Dicho esto, hay ciertas emociones como los celos y la ira que nos hacen perder un poco de lógica y pensamiento razonable. Aquí es donde entra en juego aprender a manejar esas emociones negativas. Si no los manejamos correctamente, podrían salirnos de control y tirarnos más abajo a un pozo de negatividad.

Entonces, ¿cómo nos volvemos emocionalmente más fuertes y evitamos el desastre? Voy a pasar por algunas técnicas sobre cómo hacer exactamente eso a continuación. Estos métodos también te ayudarán a hacerte más fuerte mentalmente que nunca.

Usa tu lenguaje corporal

El lenguaje corporal es la forma expresiva no verbal de comunicación a través de movimientos corporales, expresiones faciales y gestos. En general, nuestro lenguaje corporal es una secuencia de acciones subconscientes que retratan nuestra reacción interna a diferentes situaciones. Al igual que con el lenguaje real, la forma en que nos movemos puede mostrar a los demás cómo nos sentimos y lo que estamos pensando, así como podemos aprender lo que otros están sintiendo y pensando en función de la forma en que se mueven.

How you communicate through movement and gestures is important. It can sometimes give away your true thoughts and emotions more honestly than a verbal reaction can because we often don't even mean to react in certain ways. The movement of the body is natural. The gestures we make don't need to be thought about. The way we raise our eyebrows is not something we consider doing beforehand.

Understanding body language is what makes it easier for us to pick up on how others react and feel toward us. Have you ever experienced someone constantly looking away or being easily distracted during a conversation? They just don't seem very interested in what you have to say, do they? Are there other times you can keep eye contact so long during an engaging conversation that you forget to blink? There is no "correct" way to use body language but by being more fluid and relaxed with yourself and your body's movements, you can portray more positive reactions and can even make yourself more approachable. Take posture as another example; if you're uncomfortable in a social situation, you're more likely to tense up. To appear more comfortable, you can keep your head up straight while relaxing your shoulders. These simple gestures can give off the appearance that you are more at ease, even if you are experiencing stress at that point in time.

Being aware of your own movements and gestures is a good way to try keep your emotions hidden and under control. Of course, it's not good to keep things bottled up, but as an empath, you don't want your heavy burden of feelings and emotions to flow out in certain situations. Stay strong and keep your head up. You know as well as I do that these negative emotions are fleeting. If you don't let them get to you and don't let others know that they're getting to you, you'll find that they are easier to release at the end of the day.

Usa tu pensamiento positivo

Con tanta energía negativa en el mundo, a menudo es difícil practicar el pensamiento positivo.

El pensamiento positivo comienza con la auto-habla. Hablar por sí mismo es bastante fácil de identificar. Es la voz en todas nuestras mentes y la cadena constante de pensamientos que la voz repite a diario. Desafortunadamente, estos pensamientos son vulnerables a la negatividad y pueden guiarte por el camino del pesimismo si pasas demasiado tiempo atrapado dentro de tu propia cabeza. Este camino está lleno de dudas y estrés que, evidentemente, una empatía sensible —o cualquier persona para el caso— no necesita en su vida. Por lo tanto, tenemos que convertir esa voz en una positiva en su lugar. Entrenarse a sí mismo para tener pensamientos positivos es mejor para su salud en general; puede reducir los niveles de estrés y ayudarle a hacer frente mejor en situaciones difíciles. Sin embargo; este entrenamiento mental lleva tiempo porque siempre toma tiempo para romper cualquier viejo hábito.

Trate de apreciar y buscar humor durante el día para aligerar su estado de ánimo. Sé amable y racional contigo mismo durante el día evaluando lo que realmente estás pensando y considera si es positivo o negativo. Detente y respira hondo cada vez que captas esos pensamientos. Considere si son o no necesarios o válidos. Si no lo están, gírelos a un nuevo camino. Es posible que desee considerar la meditación como meditación es una manera fantástica de entrenar la mente para dejar ir los pensamientos, tratándolos como nubes que se desplazan por el cielo. Toma nota de esto, pero luego los dejas pasar porque no tienes otra opción. Rodéate de personas positivas y solidarias. Es mucho más fácil olvidar y dejar ir los malos pensamientos cuando en compañía de buenos amigos que te hacen reír más que cualquier otra cosa.

Recuerda que cualquier cosa puede tener un giro positivo si te esfuerzas lo suficiente. Después de todo, esto sólo puede beneficiar su salud emocional. La positividad no es ignorar los problemas de la vida; es tomar estos problemas y darles la vuelta para hacer lo mejor de una mala situación.

Podrías dejar caer el pastel de cumpleaños en una gran fiesta, pero simplemente porque la hermosa guinda fue destruida no significa que sea no comestible. Podría ser una historia que miras con una sonrisa. Todo depende de la forma en que reaccione a la situación.

Usa tu discurso positivo

Las palabras son una de las fuerzas más poderosas del mundo, y son conducidas por uno de los órganos más pequeños del cuerpo humano. No siempre nos damos cuenta, pero lo que h ablamosenelmundotieneunainfluencia. Subconscientemente, seguimos lo que oímos. Piensa en lo que estás proyectando en el mundo; ¿tiene un impacto positivo o negativo en su vida?

Cuando hablas negativamente, sólo genera más energía negativa y puede crear miedo y desesperanza. A veces puede empeorar la ansiedad y otros estados mentales como la depresión y el pánico. Recuerda que tu salud mental es muy importante y se relaciona directamente con tu salud emocional.

La gente te percibe no sólo por tu forma de hablar, sino también por cómo hablas de ti mismo y de los demás. Todos hemos estado en situaciones en las que hemos sido chismeados o criticados con demasiada dureza. Estas situaciones pueden ser ignoradas fácilmente, pero la mayoría de las veces, nos hacen daño.

Si bien estas terribles palabras y juicios pueden impactarnos enormemente, hablar positivamente tiene tanto poder. A través de él, podemos mostrar amor, nuestra consideración el uno por el otro, y crear tranquilidad donde más se necesita.

Las palabras también son una manera de expresar su sobrecarga emocional, y simplemente hablar de cómo se siente puede ser uno de los mayores alivios del estrés. Dicho esto, usted necesita ser consciente de que no es saludable quejarse todo el tiempo. Al igual que con el pensamiento positivo, usted tiene la opción de cómo mirar a su vida. Si usted está constantemente quejándose, la gente lo verá como una persona que constantemente se queja. Sin embargo, si intentas decir algo bueno cada vez que hablas con alguien, ellos recordarán eso de ti y tú también.

Evalúa tu discurso en el futuro y recuerda que hablar positivamente definitivamente puede influir en tus emociones. Cambie su tono de voz si es necesario. Deja que otros sepan cómo te sientes y usa tus palabras para encarnar quién eres. Si quieres ser una persona positiva, depende de ti hacer que eso suceda. Y si quieres liberar la negatividad que te detiene, puedes hacerlo con la práctica.

Crea tu espacio personal

¿Hay un cierto espacio que amas, un lugar al que puedas ir donde puedas meditar sobre todos tus pensamientos y sentimientos y sentirte seguro? Puede estar acurrucado en la cama, o un lugar en su cafetería favorita, o un rincón tranquilo de su biblioteca local. Hay muchas posibilidades. Cuando mencionamos o hablamos de nuestro propio espacio personal, ese es el tipo de imagen que viene a la mente. Ese lugar de confort y relajación que te pertenece y sólo tú, el que podrías haber pensado primero, es tu espacio. Sin embargo, en este caso, un espacio de este tipo es mucho más complejo que una mera ubicación adorada.

Tu propio espacio personal es aquel para el que estableces los límites. Puedes decidir lo que va y lo que no. Establecemos límites para protegernos tanto física como emocionalmente. Es nuestra propia zona de confort donde podemos mantener las cosas a distancia, ya sea durante una interacción física o emocional. Dentro de este espacio, el acto de sobrepasar un límite puede ser cualquier cosa que te incomode de cualquier manera, ya sea que alguien sea demasiado ruidoso a tu alrededor cuando no te gusta el ruido fuerte, alguien sentado demasiado cerca de ti, o incluso un compañero o amigo que quiere que reveles algo ng personal que no estás dispuesto a compartir. Es importante establecer estos límites y apegarse a ellos. Cualquier problema con respecto a ellos debe ser tratado con cuidado y seriedad, en lugar de ser encogimiento de hombros.

Cuando tu espacio personal se ve comprometido, es posible que te sientas agotado, agitado o molesto contigo mismo por estar enojado y/o lastimado. Es posible que ni siquiera sepas la razón por la que estás reaccionando de esta manera, especialmente si no has identificado cuáles son tus límites. Su autoestima podría caerse debido a este simple hecho, que puede dañar su confianza. El exceso de límites es una forma de violación. Algunos casos pueden ser más intensos que otros, pero siguen siendo los mismos sin importar cuán grandes o pequeños sean tus límites. Es importante definirlos por ti mismo.

Todos tenemos diferentes necesidades e ideas de espacio personal. Es importante recordar que está bien querer el suyo propio. Es realmente personal, y está perfectamente bien querer eso. Nunca se sienta mal por necesitar más espacio que otros. Lo importante es que reconozcas que lo necesitas. Todos lo hacemos a veces. Sea claro, firme y educado al explicar cuál es su espacio personal para las personas. Esperemos que te respeten lo suficiente como para aceptarlos. En cualquier circunstancia en la que esto no suceda, probablemente sea mejor pasar de la persona y la situación. Tu hermoso yo no merece ser irrespetado de esa manera.

Ese respeto comienza primero contigo mismo. Respétate lo suficiente como para no ceder a la presión. Se necesita mucha autoestima para no permitir que otros nos falten el respeto.

Trabaja en la gestión del tiempo

La gestión del tiempo es crucial en nuestras vidas aceleradas. Si no trabajamos en la gestión adecuada de nuestro tiempo, afectamos nuestras emociones de maneras adversas. Un ejemplo de esto incluye que nos estresemos y trabajemos en exceso nosotros mismos, lo que puede causar una tormenta de negatividad. Estamos haciendo todo lo posible para evitar esa negatividad.

Ahora, algunos de nosotros trabajamos mejor bajo presión, que, para ser honesto, no es la mejor opción, mientras que otros son más propensos a comenzar con su carga de trabajo con mucho tiempo de anticipación. Sea cual sea la forma en que elijas trabajar, todos somos propensos a quemarnos. Si no cuidamos adecuadamente de nosotros mismos, de nuestro tiempo y de la cantidad de trabajo con el que nos agobiamos, podemos sufrir de esto. Créeme, el agotamiento no es divertido. Si nunca lo has experimentado, sé agradecido y haz todo lo posible para no llegar a ese punto. Si lo has hecho, sabrás que nunca más quieres volver a experimentarlo.

La gestión del tiempo es realmente esencial si lo piensas. Nuestras vidas no pueden funcionar correctamente sin ella. Llegaríamos tarde a las citas, atrasados en el trabajo y atrasados en las facturas por decir lo menos. Entonces, ¿cómo se supone que debemos manejarlo correctamente?

Mantenga sus pensamientos claros y concéntrese en el trabajo en cuestión. No procrastines. Siempre que sea posible, evite el estrés. Todo eso suena bastante fácil, ¿no?

Ahora, por supuesto, si todos pudiéramos evitar el estrés, lo haríamos. El estrés generalmente hace que nuestros cuerpos y nuestras mentes se cansen rápidamente, haciendo que todo parezca un poco más pesado de lo habitual. Si nuestro cuerpo es un desastre, nuestra mente sentirá lo mismo, y también lo harán nuestras emociones. Por encima de todo, lo mejor es tomar descansos. Todos necesitamos un descanso a veces. Esto no significa que debas trabajar hasta un punto de quiebre y luego tomarte un tiempo libre. No, también necesitas descansos cortos en el medio. Estos pueden ser un descanso simple y regular mientras se trabaja para ayudar con esos lapsos cortos de concentración. Haz una taza de té, cierra los ojos durante cinco minutos y tal vez practique algunos ejercicios de respiración.

Al final, realmente se trata de encontrar lo que funciona mejor para usted. La buena gestión del tiempo es una práctica continua y constante. Trate de priorizar con antelación para ahorrarse todo el drenaje emocional y el estrés. Incluso puedes trabajar en estos durante esos breves descansos. Si los trabajas en tu horario diario, es posible que sientas el estrés que experimentas en la idea de que un descanso comience a escabullirse. Se trata de trabajar en el trabajo **y** el lujo en su horario. Nuestros cuerpos requieren desesperadamente relajación. Dedicar tiempo a nuestra ayuda mental y física puede prevenir el agotamiento.

Capítulo 11: Autoanálisis Y superación personal, está bien ser diferente

Ahora, es natural que los humanos quieran encajar, pero ser diferente viene con el territorio de ser una empatía. Eso no quiere decir que nunca encajarás. De hecho, hay un lugar donde perteneces y que está entre otros empáticos. Sí, están ahí fuera, y te entienden. Es posible que nunca puedas encajar con la mayoría, pero **puedes** encajar con la minoría, y eso no tiene nada de malo. Sólo te hace más especial.

Destacar en tu vida diaria puede ser desafiante y agotador, particularmente cuando piensas en el hecho de que estás sintiendo las emociones de los demás. Estas cosas no te pertenecen. Es vital que entiendas tanto.

Sé que explicar las tensiones que esta habilidad te trae también puede parecer imposible. Recuerda que lo que es normal para ti puede no ser normal para otra persona y viceversa. Después de todo, lo que es normal para la araña es el caos para la mosca. No necesitas que todos te entiendan mientras te entiendas. Si te das cuenta de que este regalo es algo que no todo el mundo entenderá, pero es algo que aceptas como parte de ti mismo, ya estás millas por delante de la multitud detrás de ti.

Cómo es ser un empata

Consejo profesional: Encuentra a alguien de tu propia clase.

Mira, no son tan difíciles de encontrar como parece. Con el mundo tan dependiente de la tecnología, Internet y las redes sociales, en realidad es mucho más fácil encontrar otras empatas. Hay sitios, foros y grupos para que te unas. En ellos, encontrarás más personas de ideas afines. Puede ser increíblemente terapéutico y útil encontrar a alguien que realmente te entienda y no te mire como si estuvieras en algún tipo de sustancia ilegal porque todos sabemos lo difícil que es explicar lo que es ser un empata. ¿No es así?

Un beneficio adicional de estar en el mundo de hoy es que no sólo puedes encontrar otros empatas, sino que puedes encontrar tu tipo específico de empatía. Puedes conectarte con alguien que es una empatía emocional o una empatía física o una empatía vegetal si eso es lo que eres. Todo lo que se necesita es escribir unas palabras en la barra de búsqueda.

Una vez que encuentres a tu gente, te sentirás menos aislado porque la verdad es que ser una empatía es casi exactamente como ser una persona normal. No es como si quisieras ir y vivir en la naturaleza en una isla abandonada o protestar contra cosas como cortar árboles (aunque esas pueden ser cosas que te interesan hacer). No, simplemente significa que tienes una conexión más profunda con el mundo y la gente que te rodea.

Eso es lo que realmente es ser un empata.

Encontrándote a ti mismo como un empata

En el momento en que te des cuenta de quién y qué eres, podrías encontrar cosas cayendo en su lugar. Esto se debe a que podrías descubrir cosas que acompañan los dones de un empata. Un buen ejemplo es el amor por la creatividad. La mayoría de los empatas son creativos, y disfrutan haciendo cosas como escribir o tocar música para calmar sus pensamientos y hacer que sus mentes se sientan como un hogar propio en lugar de un hogar para todas las influencias externas de las personas y el mundo.

Déjame hablarte del secreto de los empatas. Son criaturas hermosas. Adoran a las personas curativas, las plantas y los animales. Les encanta con tal profundidad e intensidad que en realidad podrían mover planetas enteros cuando son aceptados por lo que son. Las empatas son únicas y talentosas. Claro, pueden llevar el peso del mundo sobre sus hombros, pero es importante llegar a un acuerdo con el hecho de que tan pesado como ese mundo se siente, también es una cosa brillante.

Estoy bastante seguro de que todos podemos estar de acuerdo en ese frente.

Como empata, usted necesita llegar a un acuerdo con el hecho de que no depende de usted para arreglar todo. El mundo también puede ser ruidoso. A veces todo lo que necesitas es dar un paso atrás, encontrar tu espacio personal y sentarte con calma. Haga lo que sea necesario para recargar y nunca comprometa su tiempo de recarga para nadie o cualquier otra cosa. Este es uno de los errores que una empática puede cometer. Si estás buscando un poco, intenta encontrarte con alguien.

No necesito decirte que puede ser difícil encontrar un compañero en esta vida. La persona que encuentres será un empata o una persona extremadamente compasiva. Podrían convertirse en una fuente de consuelo para ti. Ellos serán la persona que puede calmarte sin tratar de arreglar tu vida para ti. A estas alturas, ya sabes que no estás solo. Puedo asegurarle que no está loco por experimentar las cosas de la manera en que lo hace. Y, lo creas o no, esa persona está en algún lugar por ahí.

Si tienes la suerte de haber conocido a tu pareja, espero que siempre les hagas saber lo mucho que significan para ti y que siempre están ahí para mantenerte estable en momentos en los que las influencias externas se vuelven abrumadoras.

Beneficios del autoanálisis

Hay pocas habilidades más valiosas y vitales para el camino de la superación personal que ser capaz de mirarse honestamente a sí mismo. Si reflexionas sobre ti mismo a menudo y haces un hábito de ello, puedes exponer cualquier problema desde el principio, haciéndolos más fáciles de reparar antes de que se conviertan en montañas. Deténganlos mientras son montículos de tierra.

Tan importante como es ser capaz de evaluarse a sí mismo honestamente, es sin duda una de las habilidades más difíciles de dominar. Somos humanos y eso significa que somos bastante engreídos por la naturaleza. No queremos mirar las partes malas de nosotros mismos, así que tendemos a rehuir eso. En mi experiencia, los empatas encuentran muchas más faltas dentro y por sí mismos que la mayoría de la gente. A pesar de todo, la idea de mirarse en un espejo que podría revelar una versión distorsionada de nosotros mismos es bastante aterradora.

A continuación, voy a enumerar algunos de los beneficios para el autoanálisis honesto.

- La falsa confianza es algo real. Corrompe la c a p a c i d a d d e h a c e r c a m b i o s .

  Desafortunadamente, muchas personas sufren de la aflicción de falsa confianza. Les permite creer que no necesitan mejorar: el pensamiento de que eres más rico de lo que realmente eres puede dejarte raspando el barril a finales de mes en lugar de enfocarte en las metas y el éxito. Con el fin de aliviarse de la falsa confianza, usted necesita ser capaz de ser honesto con usted mismo. Este es el poder de la reflexión veraz. No te mientas a ti mismo. Sólo distorsiona la imagen en el espejo mirándote.

- Sé que puede ser tentador hacer todo lo posible para evitar el fracaso, pero la verdad es que esa no es realmente la forma en que tienes éxito. Su nivel de éxito depende más de la capacidad de recuperarse realmente de los errores. Ya has demostrado que eres capaz de ser grande simplemente levantándose y diciendo: "Bueno, fallé. Sé dónde me equivoqué. Estoy listo para intentarlo de nuevo".

- Exigir honestidad de sus autoevaluaciones es la mejor manera de desechar cualquier optimismo ciego y falsa confianza. No es una hazaña fácil, pero si la practicas, puedes dominarla. No voy a mentirte; verdadero, el autoanálisis honesto es difícil. Es incómodo, especialmente cuando nos fijamos en los aspectos negativos. Pero no puedes renunciar a la esperanza. Sólo terminas agregando más distorsión a la reflexión si haces eso. La honestidad es el primer paso que debe dar antes de poder realizar modificaciones en las evaluaciones que realice. Una vez que hayas hecho eso, verás que no fue una acción pesimista en absoluto. Era un camino hacia el verdadero optimismo.

- Si escribes lo que te venga a la mente, tu intuición empática te dirigirá en la dirección c o r r e c t a . U s t e d t i e n e q u e h a c e r l o inmediatamente para obtener los mejores beneficios. La mayoría de las distorsiones ocurren cuando dejas que las cosas se sientan y has pasado tiempo pensando en ellas en lugar de simplemente sacarlas. No censures tus pensamientos o tus ideas porque no se ajustan a lo que quieres. Muchas de las cosas que escribes van a parecer basura, pero eso hace que sea más fácil filtrar al final de ella. Esto es beneficioso porque notarás algunas reflexiones honestas que ni siquiera habías considerado antes.

- Una evaluación verdaderamente honesta le permitirá alejarse de la situación, lo que puede ayudar a una empatía de muchas maneras. La forma principal es que aprendas la distancia emocional. Esto puede impedir que las emociones te abrumen y que cambies las impresiones que tienes de ti mismo. Tómate un día libre a la semana y haz una reseña de lo lejos que has llegado. Esto es particularmente importante si tienes que tomar grandes decisiones, es decir, tan grandes que cambian tu vida por duraciones tan largas como años. Obtendrás mucha claridad tomando esos días libres. Incluso podrías llegar a nuevas evaluaciones, pero es importante seguir con el día libre. Tu mente, tus sentidos y tus emociones necesitan eso.

Cada persona ha tomado uno o más caminos equivocados en sus vidas. Para tener éxito, generalmente tenemos que fallar primero. Los errores están destinados a ser aprendidos. Esa es una de las cosas increíbles de ser humano. Tenemos la capacidad de aprender de nuestros errores. Esa es la clave para encontrarte en el camino correcto.

Sé honesto contigo mismo y notarás el poco tiempo que pierdes en callejones sin salida y el fondo de los barriles.

Capítulo 12: Cómo salir de tu zona de confort

La confianza es la creencia en nosotros mismos y en lo que somos capaces de lograr. Nos da la capacidad de tener éxito en la vida y aprovechar oportunidades con ambas manos y sin miedo. Lo más importante es que nos permite aceptarnos a nosotros mismos y a quiénes somos. Otras personas pueden sentir esto igual que los empáticos pueden sentirlo. Aquellos que tienen más confianza también son a menudo más accesibles.

Hay un poco de una línea considerable entre demasiada y muy poca confianza. El exceso de confianza puede hacer que una persona se jacte, egoísta, y llevarla a situaciones difíciles cuando sobreestiman sus habilidades o piensan que son insustituibles. La diferencia es básicamente la arrogancia de los versos de confianza en sí mismo. Por otro lado, tener poca confianza puede retenerte un poco en la vida. Es posible que no estés dispuesto a tomar esa promoción que mereces o a buscar un interés amoroso incluso cuando las oportunidades se establezcan justo frente a ti. La baja confianza en sí mismo puede hacerte pensar que no eres digno de estas cosas.

Tener la cantidad adecuada de confianza le ayudará a enfrentar desafíos difíciles, crear credibilidad y crear mejores relaciones. Vamos a ir a través de cómo usted puede recuperar su confianza. Al hacerlo, veremos maneras de evitar sobrecargas emocionales y reconocer las señales de advertencia de tales sobrecargas.

Recuperando tu autoconfianza

Ciertos comportamientos y creencias están vinculados a la forma en que alguien se ve y se valora a sí mismo. Un ejemplo de ello es la confianza en sí mismo. Cuanto más amor, autoestima y confianza construyas en ti mismo, mejor para tu autoestima general. Puede dañarse fácilmente a través de problemas personales y comportamientos poco saludables. Si trabajas en estos comportamientos, puedes evitar que tu autoestima tenga un golpe. Algunos de ellos son tan simples como construir hábitos alimenticios saludables.

Las empatas son más propensos a sufrir de baja confianza en sí mismos que tu persona promedio, ya que tienden a sentirse como si siempre fueran las más extrañas. Su naturaleza altamente sensible los hace vulnerables, y se ven fácilmente afectados por las emociones. Tomar las cosas en serio no es necesariamente algo malo; después de todo, eso es exactamente lo que hace que una empatía sea quien son. Las tormentas emocionales con las que a menudo se tratan son difíciles en la mayoría de los momentos y pueden dejarlas confundidas, enojadas, deprimidas, y a veces pueden conducir a ansiedad y trastornos nerviosos. Estos son todos los elementos que contribuyen a tu autoestima.

¿Significa esto que si eres un empata, sufrirás de falta de confianza? No, por supuesto que no. Simplemente significa que los empáticos son más propensos a sentires así que el resto de nosotros. Lo que ayuda es cuando reconoces que eres un empático (y no secretamente loco o trastornado). Saber lo que eres y lo que significa ser que definitivamente ayudaría con la autoestima. Usted puede eliminar inmediatamente alguna duda de sí mismo y empezar a apreciarse a sí mismo y su regalo especial.

Una buena manera de mejorar su confianza en sí mismo es reconocer en qué elementos saludables hay que centrarse. Ser una empatía no es tan malo. Tengan una visión clara de sus creencias y morales. Tienes que ser firme en lo que crees, ya que esto crea una sensación de seguridad. Ya seas religioso o no, todos necesitamos algo en lo que creer. Si está en ti mismo, obtienes la ventaja de tener la máxima seguridad y confianza.

No te fijes en los errores del pasado y constantemente te detengas en lo que podrías haber hecho de manera diferente; mantenerse enfocado en el presente y lidiar con lo que está sucediendo en el momento actual. Aprender de tus errores sigue siendo una lección valiosa, pero no necesitas obsesionarte con algo para aprender de él. Considera crear una lista de afirmaciones positivas para repetirte cada vez que sientas que estás atrapado en pensamientos negativos.

Trata de tener fe en ti mismo y no te compares con los demás en ninguna situación. Estás bella, única y maravillosamente hecha. Con un poco de tiempo y esfuerzo y tu nueva conciencia de ti mismo, definitivamente estás en el camino de recuperar tu confianza en ti mismo.

Superando las mentalidades emocionales

Para algunos de nosotros, asumir nuestras propias cargas emocionales y las de otros tiende a ser un hábito terrible. Sin embargo, como empático, ¿cómo es posible sentirse tan profundamente y evitar ser agotado y abrumado? No es una tarea fácil, te lo puedo garantizar, pero es posible.

La ansiedad puede ser una de las principales causas de sobrecarga emocional para una empatía. Tener ansiedad significa que te estresas por todo el mundo y todo, y por todo, lo digo todo. Estos pensamientos ansiosos excesivos pueden causar una gran cantidad de negatividad y conducir a una sobrecarga emocional. Durante estos momentos, considera habilidades simples de meditación para despejar tu mente durante unos minutos y darte la oportunidad de respirar. En casos extremos, puede ser necesaria ayuda médica para controlar la ansiedad. No dejes que se interponga en tu forma de vivir tu vida al máximo.

No huyas de tu dolor o estrés. Tendemos a querer ignorar con qué estamos tratando y convencernos de que estamos bien cuando claramente, no estamos bien. Todo lo que estás haciendo, evitando problemas es generar más estrés emocional. No puedes escapar de ella, así que sé amable contigo mismo y déjalo salir. Siéntate, deja que fluyan las emociones y acepta cómo te sientes. Una vez que haya hecho esto, puede tratar de lidiar con la situación en cuestión y seguir adelante. Ignorarlo no arreglará nada. En su lugar, aceptar la forma en que te sientes y la posición en la que estás puede llevarte al siguiente paso. Una vez que sepas dónde estás mental y emocionalmente, puedes preguntarte cómo salir de esa situación y/o cómo lidiar con ella. Siga la lógica y la razón de la que hablamos anteriormente.

Por mucho que queramos que el mundo sea un lugar mejor, no puedes arreglar a todo el mundo. Cuando alguien que le importa a una empatía está pasando por un momento difícil, la empatía obviamente sentirá la carga de las luchas en sí. Recuerda que hay mucho que puedes hacer para ayudar a alguien. No te golpe es por no poder hacer nada sobre la situación. A veces lo único que puedes hacer es estar ahí para alguien. No te causes todo el estrés innecesario y el dolor de tomar la situación sobre ti mismo. Si realmente puedes ayudar, hágalo por todos los medios. Sin embargo; si no pueden, lo mejor que pueden hacer por los dos es ser una estructura de apoyo para ellos y dejarlo en eso.

Cuestiona tus pensamientos y razones para tu estrés. ¿Estás estresando por algo que está sucediendo o estás estresando por algo que podría suceder? Si es algo que podría suceder, da un paso atrás y deja ir esas preocupaciones porque el estrés sobre el "qué pasaría si" sólo va a conducir a una espiral descendente. ¿Estás ansioso por ti mismo o por los sentimientos de otra persona? Si es otra persona, necesitas respirar profundamente y pensar en lo que puedes hacer por ellos porque no hay manera de que seas de ayuda para nadie más si estás enloqueciendo tanto como ellos. ¿Tus pensamientos son negativos o positivos? Si son negativos, puedo garantizarte que te están molestando y estresando aún más, así que necesitas liberar esos pensamientos negativos y cambiar su dirección a un camino más positivo.

No hagas montañas de los montículos y recuerda cuando te estresas por algo antes de que suceda, solo te estás causando más tensión emocional.

Desencadenantes del estrés

Desgraciadamente, el estrés es sólo una de esas cosas que forman parte de nuestras vidas. No hay cambio sin que, al menos no en este momento. Si eres capaz de vivir una vida completamente libre de estrés, te felicito. Más a menudo que no, sin embargo, todos tenemos vidas estresantes, y tenemos que aprender a hacer frente adecuadamente a ellas en lugar de intentar erradicar el estrés por completo, ya que eso puede resultar imposible. Nos presionamos tanto para que tengamos éxito y tengamos un buen desempeño que ni siquiera notamos la tensión que nos estamos poniendo hasta que es demasiado tarde.

Lo curioso es que el estrés puede ser positivo y negativo. Podemos enfatizar acerca de los planes de boda, eventos divertidos, o encontrar ese regalo perfecto para un ser querido, que todos se consideran cosas positivas. Sin embargo, el estrés también puede protegernos de situaciones peligrosas como ese extraño en el bar que está un poco cerca para la comodidad. Es como nuestra señal de advertencia interna y escuchar esa señal de advertencia puede ser un instinto de supervivencia.

Tenemos algunos tipos diferentes de hormonas del estrés que nuestros cuerpos producen. Lo que hacen es construir un tipo de memoria para mantenernos alejados de situaciones perturbadoras y peligrosas. Estas hormonas pueden ser útiles en pequeñas dosis, pero cuando se libera en abundancia uno puede sufrir de depresión, memoria debilitada, y baja capacidad de atención. Es por esta razón que tenemos que hacer todo lo posible para evitar que el estrés se vuelva demasiado.

Todos tenemos diferentes desencadenantes del estrés, y tenemos que identificarlos para recuperarnos y curarnos.

Reorganiza tu vida y desordena. Al reorganizarte, puedes obtener una imagen más clara de lo que te está causando tanto estrés, y puedes hacer un plan para eliminarlo de tu vida. El espacio físico despejado puede brindarle un mejor espacio y un entorno limpio para prosperar. Hay una razón por la que el feng shui es tan popular. Considere leer en él y usarlo para mejorar su espacio. Usted puede encontrar todas sus preocupaciones desvaneciéndose y siendo reemplazado por positividad.

Priorizar también puede ayudarte a decidir cuáles son los elementos más importantes de tu vida. Al centrarse en estos elementos, elimina otros asuntos triviales que pueden desencadenar sus niveles de estrés. En otras palabras, es posible que te preocupe la mota de polvo en la televisión cuando traes a los invitados a casa, mientras que probablemente ni siquiera se den cuenta en absoluto. En tal caso, usted está causando estrés innecesario. Cuando estés estresado y abrumado, piensa en tus prioridades y recuerda que estás ocupado trabajando en los factores más importantes de tu vida.

Hay algunas actividades diarias a tener en cuenta que pueden ayudarle a deshacerse de toda la energía negativa y el estrés. Escribir o registrar en diario es una buena manera de sacar sus pensamientos en papel, quitándolos con éxito de su mente y permitiéndoles no obstruir sus pensamientos. Correr, trotar, cantar, y bailar son todos muy expresivos, y el ejercicio es conocido por liberar el estrés debido a la activación de los niveles de serotonina y dopamina. Estas son dos hormonas que nos hacen felices.

Tienes que ponerte en contacto con lo que tu cuerpo y tu mente necesitan. El estrés es un método que su cuerpo utiliza para gritarle para prestarle atención, y con demasiada frecuencia se ignora. Es su trabajo cuidar y nutrirse.

Capítulo 13: Cómo dejar de asborber energías negativas

Todos tenemos dones y talentos naturales. Algunos individuos son artísticos, otros son deportivos o aventureros, y otros son empáticos. Ningún regalo debe ser oculto nunca; seguir tus pasiones es una forma de encontrar un propósito en la vida, que es algo que todos necesitamos para prosperar. Considera algunas habilidades que tu don te ha dado que tal vez ni siquiera estabas al tanto.

Escucha empática

Escuchar empático es realmente entender y ser capaz de percibir lo que alguien te está diciendo. No hay absolutamente ningún juicio involucrado, pero sólo compasión cruda y comprensión. Escuchar empático no siempre es fácil, ya que significa dejar todas sus necesidades personales y opiniones a un lado para centrarse en quién realmente necesita su apoyo. No se trata necesariamente de dar consejos, sino de prestar una oreja a alguien necesitado. Los empatas son capaces de hacer esto mucho más fácil que otros, y, de hecho, muchos empáticos se convierten en psicólogos y consejeros debido a ello.

¿Qué tan reconfortante es la idea de tener un espacio para liberar tus emociones en un ambiente seguro? Esto es exactamente lo que alguien con el don de escucha empática, sin embargo. Requiere un cierto nivel de consideración entre los dos individuos involucrados y definitivamente puede crear un vínculo. Mediante el uso de su don, las empatas mejoran su capacidad de entender y consolar, lo que los fortalece en muchos aspectos de sus vidas.

La atención se da a lo que se está diciendo, y esto hará que el individuo se sienta importante y cuidado. Libera tensión y puede mejorar el estado de ánimo, que es una de las cosas por las que vive una empatía. La otra persona no tendrá que preocuparse por ser interrumpida mientras libera sus emociones como un oyente empático constantemente los tranquilizará durante el proceso. Cuando las necesidades de alguien son puestas en primer lugar y reconocidas, aumenta su confianza y forjará una luz positiva al hablar sobre cómo se sienten en el futuro. Nunca puede ser malo ser capaz de expresar abierta y honestamente sus pensamientos.

A través de la escucha empática, una empática realmente puede ayudar a alguien necesitado. Este es definitivamente un regalo del que estar orgulloso. Utilícelo a menudo y nunca estará sin seres queridos.

Liderazgo empático

El liderazgo empático a veces es visto como un rasgo débil, pero esto definitivamente no es el caso. Para ser un buen líder, a veces se requiere que seas capaz de ponerte en los zapatos de la otra persona por un momento. Los líderes empáticos también son generalmente oyentes empáticos, ya que les resulta beneficioso poder escuchar y comprender atentamente las necesidades de quienes los rodean. Las empatas que están a cargo de otros en su mayoría no tienen la actitud de "hacer lo que digo" y son pensadores emocionales que pueden parecer una mala habilidad para algunos, pero, de hecho, es un tipo único de fuerza. Si hay algo que la gente siendo dirigida por otra persona quiere sentir, es la igualdad. Los líderes empáticos hacen que los que los rodean se sientan iguales al considerarlos en todos los aspectos de la toma de decisiones.

Los líderes empáticos pueden usar su don a su favor de más de una manera. Son capaces de dejar fuera de las manzanas malas y recoger algunas cosas que pueden ser extrañas. Incluso podrían usar el conocimiento de los sentimientos y emociones de otra persona de una manera que sea beneficiosa para ellos si lo consideran necesario.

El don de ser un líder empático es que aquellos bajo ti es probable que realmente te respeten a ti y a tus opiniones. Crea lealtad y comunicación clara, lo que ayuda a mejorar la ética de trabajo general. La capacidad de ponerse en el lugar de otra persona es fantástica.

Emphatic relationship

Ninguna relación es perfecta. Para que uno tenga éxito, requiere el esfuerzo de cada compañero, muchos sacrificios y mucho perdón. Por encima de todo, usted necesita ser capaz de comprometerse. Si tu pareja es una empatía, puede que tengas mucha más suerte de lo que crees. Pueden ser personas muy difíciles de entender y tratar a veces, pero tienen los rasgos que conforman algunos de los mejores compañeros de vida.

Los empáticos son increíblemente leales a sus seres queridos. Sólo desean ver lo mejor de sus parejas, y darán a sus parejas todo su corazón y alma. Verás, cuando las empatías se dedican a algo, entran todos. Esto incluye las relaciones. Usted será el punto de enfoque principal en sus vidas, y harán cualquier cosa para asegurarse de que sepa que usted es amado y cuidado. Son el tipo de personas que moverán montañas incluso si todo lo que consiguen a cambio es una sonrisa. Una vez que se hayan dedicado a ti, amarán incondicionalmente. Este amor es una de las formas más puras que jamás encontrarás.

Dado que las emociones y los sentimientos de un empata son tan intensos, son capaces de amar con la igual profundidad. Se sienten muy apasionados y nunca te lastimarán deliberadamente, ya que les causaría una gran molestia. A menudo pueden usar su don para leer la situación y obtener un indicador de cómo se siente. Cuando están enojados, son muy cuidadosos al seleccionar sus palabras, ya que no dirán nada que empeore una situación porque su don les permite entender la situación en un nivel más profundo. La apertura y la honestidad están en lo alto de la lista de lo que los empáticos encuentran importante, y cuando confían en ti, no harán nada para ocultarte sus pensamientos y temores. Son capaces de sacar lo mejor de ti a través de su alegría y felicidad y el optimismo sólo es beneficioso en la vida de una pareja.

Cuando un empata siente el dolor de su pareja, sus instintos curativos naturales saldrán, y harán cualquier cosa para someter el dolor y protegerte. Algunos tal vez no se den cuenta, pero con una empática a tu lado, tendrás la capacidad de hacer del mundo un lugar mejor. Son capaces de entenderte en un nivel diferente debido a su increíble capacidad de sentir lo que sientes.

Capítulo 14: Qué es el narcisismo y quiénes son los narcisistas

¿Qué es exactamente el narcisismo? En pocas palabras, es un sentido distorsionado de habilidad o importancia. Un narcisista tiende a pensar de una manera grandiosa con respecto a su valor social en comparación con los que les rodean. Tales pensamientos y comportamientos tienden a tener un patrón de larga data. Esto significa que alguien no sólo se despierta un día y se convierte en un narcisista. A medida que aprendas más sobre esto, si tienes un narcisista en tu vida, podrás ver que su comportamiento es algo que siempre ha estado presente.

¿Quién es un narcisista? La respuesta simple es que puede ser cualquier persona en tu vida. Podría ser un vecino, un compañero de trabajo, un miembro de la familia, un amigo o incluso su otro significativo. El hecho de que hayas conocido a alguien desde hace mucho tiempo o que tengas una relación profunda con ellos no significa que no pueda ser un narcisista. Esto ciertamente no es fácil de confrontar, pero es imperativo que lo hagas si crees que podrías tener un narcisista en tu vida. Hacer esto implica aprender más sobre el narcisismo para que puedas identificarlo.

Narcisismo y los detalles

En 1898, Havelock Ellis, un médico y ensayista británico, identificó por primera vez el narcisismo. Narciso, una figura mitológica, es a quien lleva el nombre el desorden. En la mitología, esta figura vio su propio reflejo y se enamoró de ella.

Cuando interactúas con un narcisista, encuentras falta de empatía, una profunda necesidad de admiración y atención extrema y un sentido de importancia muy exagerado. Sin embargo, debajo de la fachada se encuentra una frágil autoestima y una extrema falta de confianza. De hecho, incluso la más mínima crítica puede hacer que un narcisista pierda completamente su máscara.

Los psicólogos creen que el narcisismo se desarrolla entre los seis meses y los seis años de edad. Estos son algunos de los principales años formativos para un niño. En el desarrollo personal, la fase de individuación-separación esencialmente sale mal, o alguna fuerza externa la interrumpe. El niño entonces utiliza el narcisismo como un tipo de mecanismo de defensa para hacer frente a los miedos inevitables y el dolor involucrado.

En el desarrollo infantil, el narcisismo se considera una etapa normal, según Sigmund Freud. Sin embargo, si después de la pubertad, un niño todavía está exhibiendo los comportamientos y emociones, entonces se considera un trastorno.

Hay una serie de teorías psicológicas sobre lo que podría contribuir al desarrollo del narcisismo. Una que es ampliamente reconocida y ha sido profundamente estudiada es la teoría discutida por Otto Kernberg, un psicoanalista austriaco. Sugirió que este comportamiento es un tipo de defensa.

Según Kernberg, cuando un niño crece con padres que son fríos y carecen de empatía, el niño básicamente se vuelve emocionalmente hambriento. Como resultado del descuido de los padres, el niño responde con rabia y enojo. Para prevenir esto, el niño aprende a usar esencialmente el narcisismo para encontrar un refugio del descuido y las emociones negativas asociadas.

El niño busca la atención y la admiración de otras personas para compensar lo que él o ella no está recibiendo de sus padres. Con el tiempo, esto finalmente resulta en un sentido inflado y grandioso de sí mismo. Kernberg concluyó que un narcisista está constantemente cuestionando su autoestima y son vulnerables por dentro, pero fuera, parecen grandiosos y extremadamente confiados.

Identificando comportamiento nacrisista

El comportamiento de un narcisista tiende a centrarse muy estrechamente en sí mismo. Todo lo que hacen gira en torno a ellos alimentándose de su necesidad de admiración excesiva y de sentirse superiores a los demás. Los siguientes son los rasgos y comportamientos vistos con el narcisismo:

- Sentido exagerad de auto importancia
- La expectativa de que incluso sin los logros necesarios, serán vistos como superiores
- Preocupación por fantasía de éxito, brillantez, el compañero perfecto, el poder o la belleza
- Menospreciar a los que sienten que son inferiores
- Monopolizando conversaciones
- Aprovechando a otras personas para asegurarse de que obtienen lo que quieren
- Creer que otros los envidian y tener envidia de otras personas

- Insistir en que todo en su vida sea mejor, como el mejor hogar o vehículo

- Un sentido de derecho

- Exagerar sus talentos y logros

- Creyendo que solo pueden asociarse con aquellos que son igualmente especiales

- Esperando un cumplimiento incuestionable con respecto a lo que esperan

- Una falta de voluntad o incapacidad para reconocer los sentimientos y necesidades de otras personas

- Esperando favores especiales

- Comportamiento atravesado y arrogante

- Ser percibido como jactancioso, engreído y pretencioso

Si una persona narcisista experimenta lo que siente como crítica, exhibe ciertos comportamientos. Esto se debe a su frágil ego que puede disminuir rápidamente tan pronto como no están siendo tratados o vistos como superiores. Los siguientes comportamientos son posibles después de la crítica:

- Enojarse o ser impaciente cuando no reciben tratamiento especial

- Reaccionar con desprecio o rabia

- Tratando de compensate el golpe a su ego haciendo menos a otras personas

- Cuando se adaptan al cambio o experimenan estrés, incapaz de hacer frente

- Sentimientos secretos de vergüenza, humillación, inseguridad y vulnerabilidad

- Sentirse fácilmente despreciado y problemas significativos relacionados con problemas interpersonales

- Dificultad para regular el comportamiento y las emociones

- Cuando se quedan cortos de perfección, se sienten malhumorados y deprimidos

El comportamiento definitorio del narcisismo es la grandiosidad. Esta es una sensación de superioridad que es poco realista y mucho más grave que la vanidad o la arrogancia. El narcisista realmente cree que son superiores o especiales de alguna manera. Sienten que sólo aquellos con la misma superioridad pueden entenderlos. Cuando se trata de algo ordinario o promedio, creen que son demasiado buenos para ello.

Incluso cuando es inmerecido, esperan que otros los reconozcan como superiores. Para tratar de obtener este reconocimiento, mentirán o exagerarán sus talentos y logros. Por ejemplo, si reciben una promoción general en el trabajo, girarán un cuento que haga que parezca que ahora dirigen la empresa.

Sus delirios de grandeza están respaldados por su rica vida de fantasía. Esta vida está llena de distorsión, pensamiento mágico y autoengaño. Sus fantasías los hacen sentir en control y como si estuvieran realmente especiales. Si su fantasía se ve amenazada, pueden enojarse o ponerse a la defensiva para tratar de resistir una negación de su realidad percibida.

Si un narcisista alguna vez se siente amenazado, trata de superar este sentimiento degradando, intimidando, intimidando o menospreciando a los demás. Una de las mayores amenazas percibidas es otra persona que es popular, genuinamente exitosa o segura de sí misma. El desprecio se convierte en su mecanismo de defensa en esta situación. Para apuntalar su ego y alimentar sus propios sentimientos de superioridad, el narcisista intentará hacer que la persona que considera como amenazante se sienta inferior o menor que.

Manipulación y otros comportamientos y hábitos narcisistas

Un narcisista ansía comentarios positivos de otras personas. Si no lo están consiguiendo, recurren a la manipulación para coaccionar o solicitar admiración de otras personas.

Manipulación

La manipulación es un acto o herramienta que alguien utiliza para influir o controlar injustamente, inteligente o sin escrúpulos a otra persona. Esta es una de las herramientas más utilizadas en la caja de herramientas de un narcisista. Manipular a los demás les da la sensación de poder que anhelan. Hay múltiples técnicas de manipulación que los narcisistas utilizan dependiendo de sus objetivos:

- **Gaslighting:** Ellos dirán, como "lo imaginaste" o "no sucedió" cuando cuestionar sus acciones o comportamiento.

- **Generalizaciones:** Ellos no mirarán su perspectiva y realmente lo consideran. Usan un elemento y luego lo usan para generalizar todo tu pensamiento

- **Proyección:** Ellos le dicen que es su culpa y nunca tome la responsabilidad por nada.

- **Cambiando el tema:** Si estás hablando de algo que perciben como negativo o amenazante para su realidad distorsionada, seguirán cambiando el tema hasta que sean vistos desde una perspectiva positiva.

- **Mover las porterías:** Esta es una técnica utilizada para asegurarse de que otros nunca estén a la espera de las expectativas del narcisista o probar de que están equivocados sobre algo.

- **Campañas de desprestigio:** Probablemente han escuchado este término utilizado en los medios de comunicación cuando discuten dos políticos que se enfrentan entre sí y tratan de desacreditar al otro usando información falsa o exagerada. Los narcisistas harán lo mismo cuando quieran controlar tu visión de ellos y de ti mismo.

- **Insultar:** Esta es una manera común de cerrar cualquier crítica de sí mismo que alguien podría estar proporcionando

- **Bromas agresivas:** Estos se utilizan para degradar y menospreciar a los demás, pero están vestidos como una broma para tratar de hacer que los narcisistas parezcan no estar siendo duros o insensibles.

- **Devaluación:** Esto se hace para que se sientan más poderosos. Puede dañar tu autoestima, y esto permite que el narcisista gane un control aún mayor sobre ti

- **Triangulación:** Este es otro intento de controlar y obtener poder sobre una persona. El narcisista te dirá que otros están diciendo cosas malas sobre ti. Esto te distraerá de la maldad que estás recibiendo del narcisista.

Arrogancia

Este es un sentido exagerado de las propias habilidades o importancia de una persona. Este es uno de los rasgos más comunes vistos en los narcisistas. Este comportamiento ocurre porque el narcisista quiere ser visto como la persona más valiosa y admirada alrededor. Sienten que su camino y sus creencias son las únicas correctas. Las siguientes son formas de reconocer la arrogancia:

- La persona siempre está hablando de sí misma y diciendo y haciendo cosas para verse bien.

- Se pondrán a la defensiva cuando alguien intente desafiar su visión del mundo.

- Sus relaciones son volátiles. Por ejemplo, alguien es su amigo un día y al siguiente está diciendo que ya no le gusten

- Tratan a los diferentes de ellos negativamente.

- Tienen un Encanto falso y no tienen reparos en mostrar lo crueles que pueden ser, incluso a aquellos a quienes dicen amar más.

- Their condemnation of others is especially harsh and not based on logic.

- They believe in quantity and not quality when it comes to friendships.

Éxito falso o exagerado

Un narcisista nunca admitirá el fracaso. De hecho, trabajan para hacerse ver más exitosos y productivos de lo que realmente son. A menudo crean esta imagen falsa mintiendo sobre sus logros o viviendo más allá de sus posibilidades. Por ejemplo, para tratar de hacerse ver más exitoso, pueden comprar un vehículo caro que no pueden pagar o un apartamento que está muy fuera de su presupuesto. Se trata de la fantasía y proyectar una imagen que coincida con su sentido de la grandiosidad.

Fracaso de la relación

El narcisismo y las relaciones no se mezclan. No es posible tener una relación significativa y mutuamente beneficiosa con alguien que es narcisista. Ellos dirán que te aman y se preocupan por ti. Pueden ser muy carismáticos y encantadores cuando sienten que podría beneficiarles. Pueden ser fríos y descuidados un minuto y luego encender el encanto al siguiente. Esto puede causar mucha confusión y daño emocional a aquellos con los que están en una relación.

Entre el encanto, pueden afirmar que su otro significativo nunca está allí para ellos. Esto puede suceder después de un corto período de no recibir toda su atención. Por supuesto, disculparse y prometer cambiar también son parte de sus problemas de relación. Cuando dicen esas cosas, no están siendo auténticos, pero pueden ser muy convincentes.

Fantaseando

La fantasía es un lugar donde vive el narcisista. Sus vidas no son genuinas y basadas en hechos. Fantasean con la vida que quieren y luego usan la exageración y otras tácticas para que parezca que su fantasía es en realidad su vida real. No hacen frente bien cuando su fantasía es descubierta y desafiada.

Los narcisistas tienden a ser narradores expertos. Pueden hacer girar una historia que suena real porque tienen en cuenta los detalles. Al contar sus historias, se sienten poderosos y en control. Para asegurarse de que su fantasía se mantiene, no tienen miedo de explotar o manipular a otras personas para alimentarse de sus delirios o darles cosas que quieren.

A medida que un narcisista envejece, su comportamiento tiende a ser más pronunciado e intenso. Para cuando llegan a sus 40 s o 50s, su comportamiento tiende a estar en su punto más extremo. Sin embargo, sin importar su edad, sus comportamientos pueden hacerlos impredecibles. No se necesita mucho para que muestren un comportamiento pobre o para que muestren emociones intensas y negativas, como la ira repentina y significativa.

Explorar las emociones de un narcisista

Un concepto erróneo común es que un narcisista no siente nada. Esto no es cierto. De hecho, es común que sientan celos, rabia, ira, soledad, envidia y humillación. Simplemente son hábiles para evitar y esquivar sus sentimientos, así como ocultarlos en presencia de otros. A veces se conoce como un nivel forzado y extremo de estoicismo. Confían en sentirse especiales para mantener su fachada en lugar de depender de otras personas.

Empatía

La falta de empatía es uno de los problemas emocionales más prominentes asociados con el narcisismo. Aquellos que no tienen narcisismo generalmente tienen al menos cierta empatía naturalmente. También es posible aprender a convertirse en una persona más empática. La empatía se define simplemente como la capacidad de compartir y entender los sentimientos de los demás. El dicho, "dar un paseo en sus zapatos" describe lo que es la empatía.

Un narcisista no tiene empatía ni capacidad para tratar de desarrollarla. De hecho, no lo entienden y no tienen ningún uso para ello. Cuando alguien a su alrededor está mostrando empatía a otra persona, esto en realidad puede hacer que el narcisista se sienta enojado ya que toda la atención no está en ellos.

Celos

Los celos son una emoción importante experimentada por aquellos con narcisismo. Quieren ser los mejores, y se ven a sí mismos como superiores. Si aparece una persona que es realmente mejor en algo, los celos entran en acción. Por ejemplo, un grupo de hombres está jugando al baloncesto. Es natural querer ser el mejor, pero para la mayoría de la gente, aprenden a aceptar cuando otro jugador es mejor. Sin embargo, para el narcisista, esto no es posible. Esto puede resultar en celos intensos a la persona que es mejor.

Humillación

Cada vez que sus delirios de grandeza son cuestionados, o otra persona se muestra mejor en algo, los narcisistas pueden experimentar humillación. Esto puede hacer que se enojen y arremetan con las personas que se sienten humilladas.

Soledad

Cuando la atención se desvía a otro lugar, esto puede hacer que el narcisista se sienta muy solo. Esto es cierto incluso si están rodeados de varias personas. Ponen mucho énfasis en la atención y la adoración, por lo que cada vez que no están inundados con él, pueden sentirse no deseados y aislados.

Ira

La ira es una de las emociones más comunes que experimenta un narcisista. Esta ira también puede convertirse en rabia si la persona no es capaz de controlarla. Alguien puede enojarse por las cosas más pequeñas, como que un amigo se tome dos minutos para hablar con otra persona cuando esté cerca. Cualquier cosa que llama la atención de un narcisista es suficiente para desencadenar la ira. Sentirse inferior, la crítica y los celos o la ira también pueden desencadenar la ira en un narcisista.

Envidia

El narcisista siente que todo lo que tienen es lo mejor y que se merecen lo mejor de todo. Si ven a alguien con un coche más nuevo o mejor, por ejemplo, esto puede desencadenar que se vuelvan envidiosos. En algunos casos, esta envidia puede llegar a ser casi obsesiva. Se centrarán en ello, lo pensarán constantemente y probarán una serie de maneras de esencialmente una persona que tiene algo de lo que tiene envidia.

Vacío

El vacío es otra emoción que es común con el narcisismo. Puede hacer que se sientan inquietos e inquietos. Recuerda que el narcisista necesita sentirse poderoso y el centro de atención. Cuando estos no están sucediendo, el vacío puede fluir. Esto puede hacer que hagan algo para llamar la atención sobre ellos, como menospreciar a la persona que actualmente está recibiendo atención.

Felicidad

La felicidad no es una emoción que realmente experimentan. En cambio, tienden a ver los sentimientos de poder como felicidad y no la felicidad genuina que alguien que no es un narcisista siente. Por ejemplo, cuando una persona consigue un nuevo trabajo que quería, se siente feliz de que está obteniendo esta nueva oportunidad. Sin embargo, para un narcisista, la felicidad es más una sensación de poder y sentimiento de que conseguir ese trabajo elevará su estatus.

¿Los narcisistas son peligrosos para los demás?

El narcisismo ciertamente no es algo bueno, pero puede ser mucho más oscuro de lo que aparece en los libros de texto. Al pensar en el peligro involucrado, generalmente no es físico, y debido a esto, aquellos alrededor del narcisista podrían no darse cuenta del peligro en el que se encuentran. Si el daño es causado, por lo general es emocional, y puede tomar más tiempo para que esto tome su peaje o parezca evidente.

A un narcisista no le importan los sentimientos o el bienestar de las personas que los rodean. Cuando arremetan, su objetivo no es causar daño emocional o dolor. Es simplemente preservar la imagen de sí mismos que están tratando de retratar. Por ejemplo, en una fiesta, una persona anuncia que recibió una promoción. Esto es una cosa feliz, y todas las personas excepto el narcisista felicitan a la persona. El narcisista se enfadará porque la atención fue tomada de ellos y puede tratar de degradar a la persona en lugar de felicitarla. En este escenario, su motivo no es hacer que la persona se sienta mal, sino atraer la atención sobre sí misma.

Inicialmente, el daño emocional causado por un narcisista podría no sentirse significativo. Sin embargo, con el tiempo, el impacto puede comenzar a construirse hasta que comienza a disminuir la autoestima de la víctima y la alegría general. Esto es especialmente cierto si el narcisista es el amigo cercano, pariente o significativo de la persona, ya que su tratamiento y opinión se consideran importantes.

Por ejemplo, un hombre y una mujer están saliendo. Es un narcisista. Su acaparamiento de poder y atención podría parecer un poco molesto al principio. Sin embargo, a medida que pasa el tiempo, él comienza a degradarla cuando siente que ella ha logrado algo que él no ha logrado, o ella habla con una persona que no sea él cuando están juntos. Este tratamiento de una persona que amas puede tener un gran impacto emocional. Recuerde que este tratamiento de un padre es una de las teorías detrás de lo que hace que alguien sea un narcisista, por lo que sus efectos pueden ser significativos y duraderos.

Narcisismo no saludable vs. narcisismo saludable

Hay una diferencia aquí. Algunas personas podrían ver a una persona muy segura de sí misma como algo narcisista. Sin embargo, la forma más fácil de distinguir entre los dos es mirar su comportamiento y personalidad en su conjunto. Uno de los mayores elementos que te permiten notar la diferencia es ver si la persona es humilde. Un narcisista es incapaz de ser humilde, pero alguien que simplemente tiene mucha confianza puede mostrar una fuerte autoestima, pero aun así ser humilde.

Cuando se considera que alguien tiene un narcisismo saludable, significa que puede pasar por momentos difíciles al experimentar gozo en sí mismo. Esto se asocia con la autoestima y la autoestima. El narcisismo saludable a menudo es fugaz. Esto significa que una persona probablemente no se siente increíble e inflado en todo momento basado en quiénes son. Esto se debe a que no tiene la misma preocupación que está presente con el narcisismo insalubre. Sin embargo, esto esencialmente se activa cuando hacen un poco de autorreflexión, buscan el revestimiento de plata durante un momento difícil o cuando logran algo, como graduarse de la universidad o completar un gran proyecto en el trabajo.

El narcisismo saludable es realmente algo bueno. Puede ser muy útil para aquellos que necesitan superar un contratiempo o un momento difícil. Por ejemplo, si una persona está trabajando mucho y empezando a quemarse, el placer que obtiene al completar un gran proyecto puede darles lo que necesitan para pasar y evitar el agotamiento completo.

El narcisismo saludable también se alimenta de amor propio saludable. Permite a las personas ser humildes, pero también estar orgullosas de lo que han logrado. También respetan los límites y saben cuándo brillar y cuándo permitir que otros tengan el foco. Saben que, con este equilibrio, recibirán elogios cuando esté justificado, pero nunca causa sentimientos negativos cuando otra persona está en el centro de atención. De hecho, se asegurarán de que le den elogios a la persona en el centro de atención. Es esencialmente un acto de igualdad dar y tomar.

Capítulo 15: Cómo tratar a las personas narcisistas

Tratar con la naturaleza narcisista y el comportamiento será un poco diferente para todos en el sentido de que la relación de cada persona es única y diferente de los demás. Sin embargo, puedes usar los consejos de este paso a tu manera para hacer que lidiar con el narcisismo sea más fácil o al menos más manejable. Pero primero, clasifiquemos quién eres con respecto a la relación que tienes con el narcisista.

Quién eres, las 3 relaciones con un narcisista:

- **Cónyugue/Socio:** Eres el cónyuge o pareja del narcisista, y ellos son con los que estás exclusivamente. Son tu marido o esposa, tu novio o novia.

- **Padre/Guardián:** Usted es el padre o tutor del narcisista, y ellos son su hijo o hijastro.

- **Otras familias/Amigos:** Usted es un amigo, un miembro de la familia extendida, un hijo o hija, o tiene una conexión con el narcisista que no es padre o conyugal.

Usted será capaz de hacer frente al narcisista con los siguientes consejos; sin embargo, debe tener en cuenta su relación al seguirlos. Tratar con su esposo o esposa será un poco diferente a tratar con su hijo. Y tratar con cualquier otra familia o amigos será un poco diferente también. Negociarás un poco diferente; tolerará diferentes tipos de comportamiento. Pero en general, usa los siguientes consejos para ayudarte a lidiar con este comportamiento de una manera sensata.

Cómo lidiar y reaccionar a la naturaleza narcisista:

- **Negociar** mientras se aprovechan sus propias creencias e ideas de una manera cariñosa. Por ejemplo: Si su ser querido cree que tiene derecho a más cosas que no tiene, negociar y decirles que sí, de hecho, tiene derecho a más cosas, siempre y cuando **ganen o trabajen por lo que** tienen derecho a. Dales un poco de satisfacción mientras también les muestras tus propias ideas.

- Puede **sortear** la mente de un narcisista, pero nunca tolerar ningún ataque emocional o estallido. Por ejemplo: Si su ser querido está convencido de que la información fáctica es realmente falsa, y la verdad está equivocada y tienen razón, a veces es mejor tolerar su pensamiento. "Bien, tienes razón", diles. Sin embargo, si alguna vez te atacan (física o emocionalmente), o alzan la voz o gritan, usted no tiene que y no debe tolerar eso en absoluto.

- Debes proporcionar **un refuerzo positivo** al narcisista y mantenerte positivo. Tu narcisista te hará sentir como una mierda, o al menos se hará sentir y verse tan bien y te hará saber tanto de ello que tu autoestima se desploma. Aprenderás acerca de tener tu propio refuerzo positivo en el próximo capítulo, pero es importante mantenerte positivo en medio del narcisismo, o tu ser querido puede empeorar aún más.

- **Nunca guardes** secretos; no necesitas cubrir a tu ser querido si constantemente te derriban. Mantener esa frustración por dentro no le hará ningún bien a nadie. Y como los narcisistas creen que son la autoridad y el líder y el centro de todo, ¿cómo te atreves a mantener un secreto de ellos? Sólo hará que crean aún más que son mejores, porque ahora eres un mentiroso y simplemente lo dicen como es y creen que es verdad.

-       **No te vuelvas loco** por su negación. Tu narcisista negará que son un narcisista, negarán que dijeron cosas, hicieron cosas, fueron a lugares, tomaron cosas. Y mentirán al respecto. No estás loco, así que no te vuelvas loco por eso. Tu ser querido no sabe cómo están actuando, ni cómo están siendo vistos a los ojos de todos los que los rodean, ni les importa. Por ahora usted debe lidiar con ello por no hacerse volverse loco, porque usted necesita permanecer cuerdo con el fin de ayudar a esta persona a superar los tiempos difíciles.

Sé que cualquier tipo de relación puede ser difícil de manejar y manejar, más aún cuando la que te importa es narcisista. Cuando estás tratando con una persona narcisista, estás tratando con alguien que no ama de nuevo porque no sabe cómo. Pero **es** posible ayudarles a superarlo. Tratar con él es sólo uno de los primeros pasos.

Sin embargo, **usted no quiere simplemente seguir lidiando con él para siempre.** Aunque a corto plazo te ayuda a mantenerte cuerdo, puede llevar al narcisista a conseguir siempre lo que quiere, lo que sus efectos a largo plazo podrían hacer que el camino a la recuperación se vuelva más largo de lo que tiene que ser.

Tienes algunas ideas para lidiar con el narcisismo en este momento. Si fueras interrumpido por el narcisista ahora mismo, cerrarías este libro y trata rías con esta naturaleza narcisista de manera diferente, exactamente como acabas de aprender. Negociar, tolerar, proporcionar refuerzo positivo, nunca guardar secretos, y no te vuelvas loco. Y cuando vuelvas, pasarás la página al Paso 3, que es todo sobre **ti**. Aprende cómo afrontarla en una relación unidireccional y cómo mantenerla en momentos difíciles.

Cómo hacer frente al narcisismo

Al leer este libro, sé que eres una persona cariñosa y cariñosa. Si no te importara, no estarías leyendo este libro tratando de ayudar a tu familiar o amigo.

Si bien es genial ayudar a los que amas, también debes aprender a lidiar con este trastorno de la personalidad. ¡Tú también importas! Cuando puedes sobrellevarlos, puedes superar los obstáculos, y eso conduce a la recuperación, que es lo que quiero para ti y tu ser querido tan pronto como sea posible.

Hacer frente a la medida sólo significa **minimizar** el estrés sobre ti y el conflicto entre tú y tu ser querido.

La siguiente es una lista de consejos e ideas (en ningún orden específico) que te ayudarán a enfrentar el narcisismo. Anota los que crees que son posibles en tu vida en este momento y haz un plan para seguirlos cuando necesites sobrellevarlos.

10 mejores maneras de sobrellevar:

#1: Hable con alguien que se preocupe. Es aún más útil hablar con alguien que se preocupa por el bienestar tanto de ti como del narcisista. De esta manera, pueden hacerte sentir mejor contigo mismo y al mismo tiempo no destruir la relación entre tú y tu ser querido.

#2: Ten tiempo para pensar y relajarte. A veces es difícil pensar bien. Date tiempo durante el día para pensar en cosas, todas cosas positivas. Es difícil mantenerse relajado durante el día, así que haga **tiempo** para relajarse.

#3: En tiempos difíciles, piensa en el futuro. Los tiempos pueden ser difíciles más rápido de lo que crees. O tal vez ya lo sepas. En tiempos difíciles, piensa en el futuro y en el bien que estás haciendo por esta persona. Recuérdate que tu ser querido mejorará y que el futuro será mejor.

#4: Piense en cada obstáculo como un paso más para la recuperación. Conviértelo en un juego. Cada obstáculo que encuentres se romperá a través, y luego puedes dar otro paso en el juego donde el premio final es la recuperación completa.

#5: Duerme más. Sé que puede llegar a ser estresante vivir con un narcisista, pero una manera de quitarte un poco de estrés es dormir más tiempo. Incluso si es una hora extra o incluso sólo 30 minutos, trate de dormir un poco más tarde o llegar a dormir un poco antes la noche anterior. Sé que has oído esto antes, pero funciona.

#6: Ejercita más o al menos que tu cuerpo se mueva. No te acostumbres a estar sentado siempre. Asegúrese de que se está moviendo, especialmente si está en un trabajo donde se siente en una silla durante horas seguidas. Además de mover los músculos, un entrenamiento más intenso puede obtener un poco de ira y estrés fuera de su sistema, así.

#7: Coma un conjunto equilibrado de comidas durante todo el día. La propina aquí no es comer en exceso, sino comer más a menudo durante todo el día. Date algunos bocadillos saludables, algunas comidas abundantes, y luego disfruta con algo que te gusta comer de vez en cuando.

#8: Medita y ten tiempo para *no* pensar. Me encanta meditar, y no hay manera equivocada de hacerlo. La única regla para la meditación es que el objetivo es no **pensar** en nada. Trate de tener tanto tiempo como pueda con una mente vacía. Relájate.

#9: Recoge un pasatiempo privado o haz cosas que te gusten. Si necesitas recoger un pasatiempo que vas a hacer por tu cuenta, hazlo. O si ya hay cosas que te gusta hacer, pero no lo has hecho últimamente, haz tiempo cada semana para hacer algo divertido.

#10: Encuentra el humor en situaciones negativas. Aunque no es agradable reírse de alguien con dolor, está bien encontrar humor en ciertas situaciones negativas. En lugar de estar intensamente preocupado o ansioso por tu ser querido, trata de reírte por dentro.

Trate de seguir tantos consejos como pueda, y usted será capaz de lidiar con y hacer frente a su narcisista más fácil.

Superar los obstáculos será más fácil, y el camino hacia la recuperación estará en su opinión.

Pero... ¿Cómo se enfrenta en una **relación unidireccional?**

Sé que lidiar con el narcisismo es difícil, y te preguntas cómo puedes hacer frente a tu relación cuando te importan tanto, pero no les importa de la misma manera, si es que los hace. Entonces, ¿cómo puedes sentirte bien contigo mismo, estar menos estresado y pasar por este tiempo cuando eres el único al que le importa?

Debes hacerte una pregunta: ¿Harías lo que fuera necesario para ayudar a tu ser querido si supieras que funcionaría?

Si su respuesta es **sí,** entonces usted puede absolutamente hacer esto. Pero es importante saber que tendrás que hacer lo que sea necesario, y será difícil. Pero funcionará; sólo toma tiempo.

Estos primeros dos capítulos fueron más acerca de lo que es el narcisismo, y cómo puedes lidiar con él y hacer frente mientras haces lo que puedas para ayudar. El resto del libro le mostrará cómo ayudar al narcisista a recuperarse de su trastorno.

Superando los obstáculos

Sabes quién es el narcisista en tu vida, y sabes cómo lidiar con él y hacer frente a ti mismo. Pero, ¿cómo se pueden **arreglar?**

Bueno, debido a que el narcisismo es un trastorno de la personalidad, un psicólogo o psiquiatra comúnmente lo diagnostica. El narcisismo no es algo que se pueda probar en un laboratorio, y no hay pruebas genéticas ni análisis de sangre que puedan identificar quién es o no es un narcisista.

Se recomienda ver a un psicólogo, aunque como usted puede saber es bastante difícil conseguir que alguien que sepa que tiene un problema para ver a alguien y es aún más difícil para alguien que cree que no tiene problemas.

Si la única manera de que esto se va a arreglar es hacerlo usted mismo, entonces usted debe prepararse para hacer frente a los obstáculos y obstáculos, todo lo cual se puede conseguir más allá.

Obstáculos para los que debe esperar y estar listo:

- **Conversaciones difíciles:** Seguramente habrá muchas conversaciones difíciles, y probablemente ya hayas tenido al menos unas pocas.

Para superar conversaciones difíciles, asegúrese de estar preparado para dar una respuesta bien pensada. Recuerda, quieres mantener su confianza y escuchar lo que tienen que decir, pero sin hacerles sentir que no tienen problemas.

- **Falta de consistencia:** Un narcisista a veces puede mostrar signos de recuperación, pero luego vuelve al comportamiento narcisista. Es difícil para un narcisista cambiar todo su sistema de creencias que han mantenido cerca de ellos todos estos años.

Para superar la falta de consistencia, dales amables recordatorios sobre cómo pensaban y actuaban antes. Si empiezan a pensar que son los más inteligentes o los mejores de nuevo o que tienen la autoridad, recuérdeles que no pueden saberlo todo o ser los mejores en todo, pero dígales las cosas en las que crees que realmente son buenas.

- **Cambios de identidad extrema: En el** narcisismo extremo, harán una cosa y dirán otra. Ellos serán hirientes y causarán dolor, y luego minutos más tarde pueden salir como la persona más agradable en el mundo. Aunque esto suena similar a ser bipolar, esto es aún peor porque el narcisista no sólo cambia su estado de ánimo, sino que cambia toda su identidad y forma de actuar.

Para superar los cambios de identidad extremos, debe sortear, pero no dominante o "en su cara" al respecto. Si se contradicen a sí mismos, pregúnteles: "¿No dijiste lo contrario no hace mucho tiempo?" No sonríen y no los critiquen, pero dales un suave recordatorio de que esencialmente están en desacuerdo consigo mismos.

- **Hacer la mayor parte del trabajo:** Este es un obstáculo difícil que se enfrentará todos los días. Tendrás que hacer la mayor parte del trabajo. Tendrás que ser el que se mantenga fuerte. La razón por la que debes hacer la mayor parte del trabajo es porque el narcisista no cree que nada les pasa, así que tienes que ser el que cambie eso.

Para superar la mayor parte del trabajo, usted debe tratar de insinuar al narcisista para querer mejorar. Creen que no tienen problemas, y que de hecho tú eres el que tiene el problema. La próxima vez que digan que tienen razón sobre algo, pero realmente no lo son, diles que vayan a buscarlo, y si regresan con la prueba de que son correctos, entonces estarás de acuerdo con ellos. Si no pueden hacer eso, darles un castigo o quitarles algo o simplemente decirles que no puedes confiar en ellos para que sean la autoridad o que corrijan sin pruebas. Cuanto más se den cuenta de que están equivocados, o no son los mejores o los más inteligentes en todo momento, más se darán cuenta de que tienen un problema, animándolos a cambiar su comportamiento.

- **Egoísmo Extremo:** Tendrás que lidiar con tu ser querido siendo extremadamente egoísta contigo y con los demás. Son el número uno, se merecen cosas, y consiguen lo que quieren. Serán egoístas e indiferentes, y tendrás que aprender a lidiar con ello.

Para superar el egoísmo extremo, debes estar atento a decirle al narcisista cómo te sientes. El egoísmo es el componente principal del narcisismo, y pensarán en sí mismos antes que los demás, incluyéndote a ti. En un momento esta persona realmente se preocupó por ti y te hizo sentir bien, por lo que estás haciendo lo que puedes para ayudarles a volver a cómo eran una vez. Cuando hagan un comentario grosero, diles cuánto te duele. Cuando solo hagan cosas contigo o para ti cuando estén recibiendo algo a cambio, diles que **no** y explícales que no siempre pueden esperar algo a cambio.

- **Su manera es la única manera:** Es bastante difícil lidiar con una conversación difícil, pero se vuelve aún más difícil cuando conduce a cada proceso de pensamiento. Cuando su camino es la única manera, te equivocas a menos que estés de acuerdo con ellos. Entonces, ¿qué puedes hacer?

Para superar el pensamiento narcisista que su camino es la única manera, es necesario mostrarles que hay muchas maneras diferentes de hacer las cosas, de pensar en las cosas y de vivir realmente. Si piensan que sólo hay una manera de ser ricos y van a hacer esto una cosa y eso es todo, punto - entonces mostrarles cuántas personas diferentes se hacen ricas o exitosas de hacer muchas cosas diferentes. Si barbacoa una hamburguesa de una manera de una sola manera y no permiten que toque la parrilla porque su manera no es lo suficientemente buena, barbacoa de manera diferente un día con otras personas para mostrar que la gente disfruta de la comida de muchas maneras diferentes. Si dicen cuánto apesta algo como un restaurante o un restaurante específico, diles que no debe apestar tanto porque tienen suficientes clientes para mantenerse en el negocio. Muéstrales que hay muchas maneras diferentes de hacer las cosas. De esta manera, eventualmente entenderán que hay diferentes maneras en que pueden actuar, pensar y comportarse.

-       **Permanecer desconectado u oculto: Los** narcisistas son comúnmente desconectados del mundo real, y ocultos de cómo funciona realmente el mundo. Están en su propia burbuja de lo que ven como su mundo y su vida, y todo lo demás que sucede en el mundo es estúpido o poco importante.

Para superar al narcisista que permanece desconectado u oculto, haz que sea un punto para compartir con ellos y mostrarles todas las diferentes maravillas del mundo, así como enseñarles sobre aspectos del mundo que aún no han sido introducidos. Si un narcisista se siente desconectado, conéctelo al resto del mundo conectando lo que le interesa. En otras palabras, tienes que mostrarles cómo funciona realmente el mundo, y podría tomar un poco de una comprobación de la realidad. Si quieren ser un jugador de fútbol profesional, inscríbanlos para el fútbol y déjenlos averiguar por sí mismos si creen que pueden hacerlo. Si piensan que el dinero crece en los árboles y el gobierno debería imprimir un montón más y dárselo a todo el mundo, darles una lección sobre cómo funciona el dinero y la moneda en el mundo. Y si no puedes enseñarles directamente, busca a alguien o alguna clase o algún medio en línea que pueda. Al hacer esto, les estás ayudando a conectarse con el mundo y al mismo tiempo les estás permitiendo fracasar, haciendo que entiendan y se den cuenta de que nadie es perfecto, y puede que no sean realmente la autoridad o todo lo que saben o tan buenos como pensaban que eran.

¡Sigue empujando y toma pasos de bebé si es necesario!

Sé que quieres ayudar a tu pareja, amigo o familiar, pero su narcisismo no se puede arreglar en una noche. Si te sientes frustrado al intentar dar grandes pasos para la recuperación, intenta dar pasos de bebé más pequeños y tómalo un obstáculo y un obstáculo y un día a la vez.

Capítulo 16: meditación empática

Medición con su chakra

Mientras que cada chakra debe ser despejado y equilibrado, el único chakra, o centro para el paso de energía, que casi todos los empáticos necesitan abierto es el tercer ojo, o el lugar situado en el centro de la frente, casi entre las cejas. Este es el asiento de la intuición. Se ve principalmente como demasiado activo en empatas. Un chakra que a menudo es sub activo es el plexo solar en empatas. Esta es la sede del poder personal y la autoidentificación. Si su poder personal es bajo, y usted no está firmemente conectado a su propio sentido de sí mismo, es casi imposible ayudar a los demás y proteger su bienestar. Pero cada chakra se juega entre sí, y cuando uno está bloqueado, otros tienden a sobre compensarlo, creando otros desequilibrios. Esta es la razón por la que necesita sin tientas para ayudar a limpiar tus canales de energía y volver al centro.

Basa u energía

Esta herramienta se atribuye a menudo con el trabajo de Eckert Tolle. La idea es simple; elegir una parte de su cuerpo y mantenerse enfocado en él durante todo el día. Recuerda que estás castizando tu propia energía, así que necesitas mantenerte enfocado en tu parte del cuerpo y no en la de otra persona. Un ejemplo sencillo para ilustrar esta herramienta es dar un paseo y concentrarse atentamente en sus pies a medida que dan cada paso. Observe cómo un pie se conecta al suelo en el momento exacto en que hace contacto o preste atención a cómo los ascensores de un pie y el otro golpea el suelo. Otras maneras de enfocarse en tu cuerpo para poner a tierra tu energía incluyen:

- Mientras hablas, presta atención a tus manos o a tus pies.

- Cuando estés cantando o hablando, concéntrate en cómo vibra tu garganta con los sonidos

- Si estás sentado en silencio, presta atención a tu respiración, ya sea el aire que entra a través de las fosas nasales o el aumento y la caída del pecho

- Otro consejo para estar sentado en silencio es prestar atención a los sentimientos físicos en su cuerpo en ese momento, buscando identificar lugares en su cuerpo que están sintiendo algo.

Tu energía está protegida de otras personas que la invaden o de "entrar" a tu campo de energía personal. Le ayuda a mantenerse más conectado a su propio cuerpo.

Recargue usted mismo

La razón por la que los empatas se sienten atraídos por la tranquilidad y la soledad es para su curación. Es un momento para recargar su propia energía y encontrar su equilibrio. Es un instinto natural que deberías escuchar. Alejarse de las situaciones y la sociedad, en general, para eliminar esas influencias externas en sus emociones y sentimientos le permite aprovechar de nuevo a los suyos. Cuando estás solo, este es el momento de ponerte en contacto con tus propios sentidos y encontrar un lugar de puesta a tierra. Esta herramienta es especialmente útil cuando necesitas identificar si lo que sientes es realmente tuyo o si pertenecen a otro. No conocer o entender las "respuestas" a cómo te sientes a menudo es frustrante y confuso. Estas "escapadas" son un buen momento para tener claro quién es usted y qué equipaje lleva que no necesita. Como empata, tomar tiempo o incluso escapar en una escapada en toda regla es necesario para su salud, tanto la curación como el mantenimiento.

Su capacidad para ayudar a los demás y a usted mismo, para ampliar sus dones naturales, y sanar sus enfermedades se mejora en gran medida cuando se utilizan estas tres herramientas a menudo para usted.

Adicción y empatía

Cuando una empata no está seguro acerca de cómo mantener límites adecuados o está abrumado, puede tomar malas decisiones con respecto a cómo controlan su don. Estas opciones pueden conducir a sus propios problemas de salud, fuera de las dolencias físicas y naturales en las que incurre una empatía debido a su talento. La adicción es un desafío común que enfrentan los empatas. Las emociones y las respuestas físicas de otras personas pueden afectar negativamente a una empatía, y, a su vez, buscan "adormecer" esta afluencia de sufrimiento de diversas fuentes. Buscan distraer y aliviar su propio cuerpo, especialmente cuando no son conscientes de que estos sentimientos no son suyos. Puede ser difícil manejar la avalancha de dolor, particularmente cuando las emociones o reacciones físicas son fuertes y repentinas.

La "montaña rusa emocional" de un empata puede enviar a una persona de sentirse bien un segundo a sentirse terrible al siguiente. A menudo esto es diagnosticado como maníaco depresivo o bipolar por la medicina occidental. Para algunas personas, este puede no ser el diagnóstico equivocado, pero no siempre es el mejor diagnóstico para una empatía. La fuerte habilidad empática a menudo se muestra como llanto incontrolable, excitación repentina y confusión. Las personas que exhiben estos intensos vaivenes emocionales están luchando con el control de sus "disparadores", y esto a menudo los lleva a encontrar cosas para adormecer sus receptores con recursos externos. Las drogas y el alcohol son algunos de los más comúnmente recurridos a sustancias para adormecer las influencias en su cuerpo.

No hay ningún interruptor "apagado" a la influencia del mundo exterior, y no puedes simplemente marcarlo cuando te apetece sin práctica. Esto significa que una empata debe tener un mentor o una guía para ayudarles a entender y practicar sus procesos de autoprotección y curación. Cuando no lo hacen, lo cual es común en Occidente, normalmente eligen cosas que son más dañinas para su salud y estado mental de lo necesario. El breve momento de "silencio" que cosas como psicodélicos, píldoras recetadas o alcohol pueden ofrecer es adictivo a una empatía fuera de control, pero cuando estos se convierten a menudo o en una cantidad demasiado grande, la salud y la capacidad de ayudar se deteriora en gran medida.

Otro ejemplo interesante de adicción no es a las drogas o al alcohol, sino a ciertas acciones dañinas. Como ejemplo, considere a una persona que está constantemente "agitando el drama". Esta persona podría ser un empata que es un problema para lidiar con el "drama" que están experimentando en su propio cuerpo y están buscando distraerse de él mediante la creación de drama en otro lugar. Buscan redirigir las emociones y la energía a otras situaciones. Pero hay otros que pueden ir en la dirección opuesta, y se encuentran recluidos. Ellos toman los beneficios curativos de la soledad y los retiros al extremo y evitan la interacción con el mundo exterior tanto como sea posible. Esta acción está desafiando directamente su naturaleza para ayudar como empata y terminará dañando su salud física y emocional. Por último, otra acción que puede terminar siendo adictiva y dañina para una empatía es la actividad física. Al igual que encontrar espacio, es bueno en pequeñas cantidades, pero cuando se lleva al extremo puede ser muy dañino. Se sabe que el ejercicio libera las hormonas "sentirse bien", las endorfinas, así como para expulsar algunas emociones fuertes. Sin embargo, también puede conducir a problemas de peso, fatiga excesiva, y lesiones físicas. Tampoco siempre ayuda a una empatía a identificar cuándo la emoción es suya para disiparse o la de otra persona. Proporciona una distracción, pero no una solución.

CAPÍTULO 17: habilidades para empatizar con cualquier persona

Puede ser una sorpresa para usted saber que no todas las empatías son empáticos emocionales. Todavía hay una conexión emocional que pasa u ocurre debido a la influencia sobre los demás, pero no todas las empatías experimentan la conexión emocional con la que otras empáticas están dotadas. Las siguientes preguntas están dirigidas a ayudarte a identificar tu "nivel" de habilidades de empatía emocional:

❑ ¿Te preocupa que a veces seas demasiado emocional? ¿Te preocupa que estés "loco" o demasiado sensible? ¿Se siente perturbado o codependiente a veces?

❑ ¿Su estado de ánimo cambia notablemente cuando una persona entra en la habitación, incluso si usted no se involucra con ellos de ninguna manera? ¿Tus sentimientos son diferentes antes de antes del encuentro? ¿Estás más ansioso, asustado, con dolor o incómodo?

❏ ¿Tienes un buen "sentido" de otras personas? ¿Tienes una respuesta física a ciertas personas? ¿Te encuentras reflejando las emociones de otra persona? ¿Empiezas, de repente, a "pensar como ellos" o a tomar la "misma longitud de onda" que la persona con la que estás interactuando?

Si usted respondió con un "sí" a cualquiera de las preguntas anteriores, hay una gran posibilidad de que usted sea un empata emocional. Esto significa que es muy importante que entiendas las emociones, cómo puedes castigarte a ti mismo y qué formas puedes disfrutar de este regalo en lugar de suprimirlo.

Conociendo acerca de las emociones

Si eres una empatía emocional, es como ser una "esponja" emocional. A menudo sabes lo que está pasando y que está sucediendo, pero es posible que no entiendas por qué te está ocurriendo y qué puedes hacer al respecto. Para empezar, primero debes aceptar que el mundo en el que vives está vivo. Todo lo que te rodea responde a las influencias en él. A veces las influencias son directas y a veces son más vibratorias. La energía pulsando en el mundo es una influencia vibratoria que puede alterar la respuesta de cualquier ser vivo. Es como cuando el viento sopla a través de las ramas de un árbol y las hojas tiemblan en la influencia no vista.

Esto significa que todo lo que te rodea tiene su propia energía y una "burbuja" a su alrededor de su influencia en su entorno. Cada persona y el ser vivo tiene la capacidad de influir y sentir la energía de otro porque nuestras "burbujas" se conectan constantemente y chocan con los demás. Puedes observar esto si sales a caminar afuera. Te encuentras con plantas, animales e insectos, todos con sus propias "burbujas".

¿Alguna vez has pasado por delante de un animal y has sabido que estaba nervioso, asustado o enojado? Se puede ver en su cuerpo, pero también se puede escuchar en su voz. Es como si se viera la emoción que irradiaba de ellos. ¿Alguna vez has pasado por delante de una persona y has sentido que había algo que les molestaba sólo por la forma en que su cuerpo reacciona a su entorno? ¿Sus manierismos son sólo un poco "fuera de lugar?" Si bien este sentido no es sólo para empatas emocionales, o empatas en general,

es una buena manera de reconocer cómo respondes a las emociones de los demás "leyendo" sus señales.

Si eres una empata emocional, tienes un verdadero don. Puede que no siempre parezca o se sienta como si le hubiera gustado, pero tienes la capacidad de conectarte profundamente con el mundo. Puede armonizar su comunidad, especialmente cuando no está equilibrada o fuera de "golpe".

Cuando dos personas o seres se unen, sus energías también. Si hay un desequilibrio entre las dos energías que las cosas pueden llegar a ser confusas o tensas. Como todas las cosas en la vida, tu energía quiere equilibrarse y estabilizarse. Esto significa que tratará de alinearse con la energía en su camino. La emoción más desarrollada o más fuerte será la que elija cómo nivelará la energía, positiva o negativa. Desafortunadamente, las emociones negativas tienden a ser una emoción más fuerte. Esto significa que, para una empatía emocional que no tiene control o protección sobre su don, pueden verse afectados negativamente más veces que no.

Pero, por otro lado, un empata emocional que tiene el control de su don puede influir positivamente en los demás y protegerse de las influencias negativas de los demás. Incluso alguien que tiene una emoción o sentimiento poderoso puede ser influenciado positivamente por una empatía emocional dotada y controlada. Cuando esto sucede, la armonía sucede. Y esta influencia puede extenderse más allá de un único encuentro personal. ¡Un empata emocional que puede controlar y proteger bien sus habilidades puede armonizar toda una comunidad e incluso una nación! Puede ser un regalo impresionante y poderoso.

Métodos de puesta a tierra para tus emociones

El mejor, y posiblemente único, un método para castigar tus emociones es encontrar un centro. Esto es necesario para que puedas usar tus dones para ayudar a los demás que te rodean y a ti mismo. Tienes que ser capaz de protegerte de la negatividad y el sufrimiento de los que te rodean. Si no puedes hacer esto, estarás envuelto en el dolor, lo que te resultará en reaccionar constantemente a estas ondas negativas en lugar de dominar tu don y usarlo para siempre.

Cuando puedes aprender a "dominar" tu don puedes sentirte levantado del peso de ser un empata emocional. Este control le permite activar "encendido" y "apagado", lo que le permite elegir cuándo sentir las emociones de los demás cuando usted decide. Puedes aprender a elegir "ver", o sentir, lo que están sintiendo y cuando prefieres no involucrarte en él. También puede desarrollar la capacidad de dejar ir las emociones de otros para que pueda volver a su verdadero centro. De esta manera puedes realinear con tu verdadero yo y usar el conocimiento que observas tocando en la otra persona para aconsejarlos o guiarlos. Pero este dominio requiere tiempo y atención para desarrollarse.

La puesta a tierra es otra forma eficaz de limpiarse de la energía negativa. Otra característica importante de esta técnica, que, por desgracia, se deja ignorada es tener una buena conexión con la Madre Tierra. Cuando haces "tierra", te conectas con la Tierra y te limpias de toda la energía negativa. Los pasos son los siguientes:

Asuma una posición sentada o acostada. Lo importante es mantener los pies planos en el suelo. Se recomienda que pruebe este ejercicio con los pies descalzos tocando el suelo o la hierba. Sin embargo, si esto no es posible, simplemente mantenga los pies planos en el suelo. Relájate y siente la Tierra bajo tus pies. Inhala y exhala suavemente. Ahora, visualiza las raíces de tus pies extendiéndose hasta las profundidades de la Tierra. No lo fuerces. Sólo deja que se extienda cómodamente. Deje que se detenga naturalmente. Ahora, siente tu conexión con la Madre Tierra. Inhala lentamente, y mientras exhalas, ves y sientes que también exhalas toda la energía negativa en tu cuerpo. Exhala a través de tus raíces. Visualizarlo como algo negro que fluye por sus raíces y en la Tierra. No te preocupes, la Tierra es muy poderosa, y toda la energía negativa que envías a la Tierra será neutralizada. Si lo desea, también puede respirar energía positiva. La forma de hacerlo es visualizar la energía verde de la Tierra mientras inhalas. Deja que fluya a través de tus raíces y entra en tu cuerpo a través de las plantas de tus pies. Al hacer este ejercicio, siente y aprecia la maravillosa conexión que tienes con la Madre Tierra.

Esta técnica es muy eficaz cuando quieres limpiarte y liberar energía negativa, así como para cargarte con la energía positiva de la Tierra. Una vez que seas bueno en el uso de esta técnica, se puede utilizar incluso en público.

También hay otras formas de poner a tierra. Si quieres, puedes usar tus manos en lugar de tus pies. Otra manera fácil de moler es abrazando un árbol, preferiblemente uno grande, y sentir lo conectado que estás con él. Cuando tienes miedo, es una buena práctica ponerte a tierra y encontrar fuerza a medida que estás conectado a la Tierra. Deberías darte cuenta de que siempre has estado cerca de la Tierra. Desde el momento en que naciste, has estado nadando en la energía de la Tierra. Al conectarse a la Tierra, no sólo puede liberar energía negativa, sino que también puede empoderarse y llenarse de energía positiva.

Cómo aceptar tus dones emocionales

Primero, debes identificar y comprender realmente tu propia habilidad. Aquellos que son empatía emocional a menudo nacen de esta manera, pero desafortunadamente, no aprenden sobre ello hasta más tarde en la vida, especialmente aquellos que crecen en las culturas occidentales. Lo que esto causa es una persona que ha vivido mucho tiempo confundida y a menudo asustada de sus emociones. Una vez que aprendas sobre lo que esto realmente es, ahora puedes hacer algo al respecto.

Otro buen paso a tomar es leer tanta información como sea posible sobre su regalo. Investiga tus habilidades para que puedas obtener más conocimiento sobre ti mismo y tus decisiones. Algunos libros excelentes a considerar incluyen:

1.   Empath Connection, Dr. Michael Smith (Presta especial atención a su kit de herramientas)

2.   Empowered by Empath, Rose Rosetree (Su explicación y desenredo de situaciones confusas es muy útil) Otro paso que debe considerar tomar es usar siempre un "escudo" BioElectric. Hay muchas opciones disponibles en el mercado, y la mejor manera de seleccionar una para usted es elegir el escudo que usted se siente mejor. Es para proteger sus emociones, por lo que sus emociones necesitan tomar la decisión.

Otros pasos que puede tomar incluyen;

•   "Desempaquetar" la emoción de encontrar de dónde comenzó. Incluso cuando experimenta una emoción positiva, trate de encontrar cuál es el origen. Esta es una manera de descubrir si realmente está experimentando la emoción o si usted está captando la emoción que otra persona está sintiendo. Es una "trampa" común asumir que todas las emociones positivas se originan contigo y todas las negativas provienen de otra persona. Este no siempre es así, y usted debe aprender lo que es realmente suyo y lo que no lo es. Averigua qué inicia tus reacciones y respuestas, para que entiendas mejor lo que proviene de otra fuente.

•   Una poderosa herramienta de puesta a tierra que puedes emplear a menudos es la meditación consciente. El poder de la meditación está bien respaldado por la investigación y el estudio occidental ahora, y ha sido practicado por muchas culturas durante siglos. También puede visualizar durante su meditación que está rodeado por un escudo protector. Otra herramienta de meditación es centrarse en su chakra "tercer ojo", que es el asiento de su intuición. Si estos son desafiantes o no por dónde quieres empezar, simplemente siéntate unos momentos centrándote solo en tu respiración. Este es uno de los métodos más simples para la puesta a tierra en este momento. Cuando haces esto tienes la capacidad de apagar las influencias externas y volver a tu yo auténtico.

- Sepárate de la gente por un tiempo. Encuentra la solidaridad y el espacio para volver a ti mismo Este es un "último recurso", y la meditación siempre debe ser utilizada antes de quitarse físicamente de la situación. Es una buena idea primero ponerse a tierra y proteger su propia energía antes de alejarse de la influencia, por lo que no se lleva nada de ella con usted. Por ejemplo, si reconoces que una persona ha entrado en una habitación y está interrumpiendo tu energía de una manera no deseada, practica una meditación rápida descrita anteriormente en el último punto, y luego trata de poner distancia entre tú y esa persona tan pronto como sea posible. No siempre es posible separarse mucho, pero incluso poner unos metros entre usted y ellos es útil. Si puedes, intenta salir de la habitación o de la ubicación por completo. Cuando usted está trabajando por primera vez en el dominio de sus habilidades de empatía emocional, practicar esto le da la oportunidad de luego observar cómo responde después de salir de la situación. ¿Cómo te sientes después de quitarte? ¿Te sientes diferente después de salir o tienes las mismas emociones fuertes? Esta observación le permitirá saber cómo le va con su propia respuesta emocional y protección. Cuando llegues a este espacio privado, tómate un tiempo para reflexionar y luego volver a centrar tus emociones, y luego volver a un entorno social. No te quedes en solidaridad por mucho tiempo.

Conclusión

Al final, la empatía es una habilidad que puedes usar en muchos aspectos diferentes de la vida. Puede ayudarte a formar vínculos más profundos con las personas, puede informarte de cuándo alejarte de los demás, y puede darte un impulso de confianza en ti mismo. Todo lo que necesita hacer es aprender a usarlo a su favor. Ahí es donde entro. Considera este libro una guía, una que te ayudará a descubrirte a ti mismo y superar las emociones negativas, así como a presionarte para que tengas más confianza en la vida.

Sabes lo que dicen, la confianza es atractiva. Hay más de una forma de atractivo. Claro, a todo el mundo le gusta verse bien, y si te sientes bien, eso **es** lo que pasa. Sin embargo, me refiero a la atracción emocional, mental y universal. Una vez que estés seguro contigo mismo y con este don tuyo, las cosas buenas seguramente vendrán a tu camino. Pueden estar en forma de oportunidades, pueden ser en forma de romance, y pueden ser en forma de amistades. Sea cual sea el caso, la confianza le ayudará en su camino hacia el éxito.

Por encima de todo, también te ayudaremos a diferenciar entre las cosas buenas y las malas que atraes. ¿Sabes esa sensación de molestia que tienes en la parte posterior de tu cráneo cuando algo simplemente no te siente bien? Por lo general, no tiene sin idea **de por qué**. Eso es otra cosa buena que la empatía te trae camino. Nuestros instintos como empático son mucho más fuertes. Es importante aprender a identificar estas cosas y cuándo considerarlas como advertencias. Seamos honestos, no todos y todo en este mundo es bueno. Es importante poder saber cuándo es el momento de alejarse de algo y cuándo dejas que tus emociones te saquen lo mejor de ti.